BARON GASTON DE FLOTTE

LE CENTENAIRE

DE

VOLTAIRE

(30 Mai 1878)

MARSEILLE
CAMOIN, LIBRAIRE-ÉDITEUR
Rue Cannebière, 1.

1877

BARON GASTON DE FLOTTE

LE CENTENAIRE

DE

VOLTAIRE

(30 Mai 1878)

MARSEILLE

CAMOIN, LIBRAIRE-ÉDITEUR

Rue Cannebière, 1.

1877

MARSEILLE. — TYPOGRAPHIE MARIUS OLIVE

LE CENTENAIRE DE VOLTAIRE

Nous voudrions, à propos du centenaire qui se prépare (*centenaire*, dans ce sens, est un barbarisme, mais qu'importe ? On en fait bien d'autres en grammaire et en conduite !); nous voudrions étudier Voltaire sous trois points de vue : Moraliste, Français, ami du Peuple, en nous rappelant le mot de Tacite : *Nec amore quisquam et sine odio dicendus est.* Nous ne parlerons pas de l'adversaire de l'Eglise, de l'insulteur de toute religion, de l'ennemi intime de Jésus-Christ, car c'est là son vrai titre, sa pure gloire aux yeux de ceux qui songent à son apothéose ; c'est ce qui leur fait oublier ses obscénités, ses bouffonneries cyniques, ses fureurs grotesques, ses mensonges, ses lâchetés, quand, au profit de ses haines, il épuise une longue série de facétieux pseudonymes ; ou, — ce qui est pire, — de noms connus et souvent respectés, qu'il charge de ses méfaits les plus bizarres, les plus hétéroclites, les plus impies :

Et tu lançais la flèche, et tu cachais la main !

J.-J. Rousseau a dit (*Préface de la Nouvelle Héloïse*) : « Tout honnête homme doit avouer les livres qu'il publie. » Non : rappeler ses injures, ses railleries, ses blasphèmes contre tout ce qu'il y a de sacré dans le monde, c'est lui mériter la déification ; mais nous voudrions raisonner, s'il est possible, avec les organisateurs de la fête du 30 mai 1878. — Voyons : que dites-vous, là, sincèrement, loyalement, sans esprit de parti, sans arrière-pensée, de votre héros ? Il ne s'agit point (ce qui, du reste, nous serait fort indifférent) de jeter à la tête de ceux qui ne partagent pas votre manière de voir, l'épithète fort démodée, usée au point d'en être stupide, de *clérical*, ou les noms de Nonotte, de Patouillet, de Desfontaines, de Saint-Hyacinthe, de Chaumeix, de Fréron, de Sabatier, voire de Berthier, de Foucher, des trois Pompignan, de de Brosses, de Guénée, etc.... et même des deux Rousseau. — Cela ne prouverait rien, — sinon un manque absolu de bonnes raisons. Nous voulons savoir seulement si l'impiété, quelque fanatique, odieuse, dévergondée qu'elle soit, suffit pour amnistier, glorifier, apothéoser l'écrivain immoral, le mauvais citoyen, le *mépriseur* du Peuple! Tout s'efface-t-il, tout se pardonne-t-il parce qu'on a beaucoup blasphémé et beaucoup haï?

VOLTAIRE ET SA MORALE

Laissons de côté la *Pucelle* que, pendant trente ans, même dans ses dernières années, il se plut à corriger (il appelait cela corriger)! à remanier, à augmenter (mais, certes pas, à enrichir) ; dont il niait, avec serments, être l'auteur. Passons sous silence cet amas d'immondices brûlant à petits vers la sainte héroïne de la France ; nous aimons à croire qu'il n'y a pas dans le monde un Libre-Penseur (puisqu'ils s'appellent ainsi) qui osât accepter, approuver la plus ignoble, la plus anti-française de ses sales productions. Qui ne dirait avec Béranger (il n'est pas suspect, celui-là, en fait d'impiétés et d'obscénités) : « Je pris Voltaire
« presque en haine quand, plus tard, je lus le Poëme
« où il outrage Jeanne d'Arc, véritable Divinité
« patriotique qui, dès l'enfance, fut l'objet de mon
« culte. » — Béranger n'eut pourtant que des paroles

élogieuses et sympathiques pour l'exécrable Poëme de la *Guerre des Dieux*. — Ce bon M. Havin appelait, dans le *Siècle*, la *Pucelle* : « Un écart de génie. » — Un écart qui dure quarante ans !

Passons.

Si, comme le prétend Montesquieu, la vertu est le principe des Républiques, comment les Républicains peuvent-ils accepter un homme dont toute la longue vie fut une insulte à la vertu ? Qui, pendant plus de cinquante ans, brûla l'encens de ses madrigaux jeunes ou fanés aux pieds de toutes les maîtresses royales ou princières ?

Certes, personne plus que nous n'a gémi des scandales de la Régence et de la Cour de Louis XV. — Eh bien ! dès 1725, Voltaire chante Madame de Prie, cette odieuse maîtresse du duc de Bourbon, qui, « dit « un historien, fut pour ce premier Ministre ce que le « cardinal Dubois avait été pour le Régent,.... et qui « devint l'objet de l'animadversion générale. »

« Vous qui possédez la beauté
« Sans être vaine ni coquette.....
« . . . .
(Dédicace de l'*Indiscret*. — 1725).

« De Prie, objet aimable, et rare assurément,
 « Que vous passez d'un vol rapide
« Du grave à l'enjoué, du frivole au solide !
 « Que vous unissez plaisamment

« L'esprit d'un Philosophe et celui d'un Enfant!
« . . . .
« Vous connaissez Alain, ce Poëte fameux...
« . . . .
« Vous me pourriez payer d'un prix beaucoup plus doux.....
« . . . .
« N'attendez pas que je sommeille. »

(La *Fête de Bellebat*. — 1725).

Nous le verrons, cinquante ans plus tard, dire à peu près la même chose à Madame du Barry !

Le duc de Richelieu, à la sollicitation de Voltaire, demande pour Voltaire la protection de Madame de Chateauroux ; elle refuse, et la voilà quitte des flagorneries rimées.

Il n'en est pas ainsi de Madame de Pompadour, « la Demoiselle Poisson, fille d'une femme entretenue « et d'un Paysan de la Ferté-sous-Jouare, » dit Voltaire en ses *Mémoires*. — Mais, ici, le Poëte de Cour ne tarit pas.

« Ainsi donc vous réunissez
« Tous les arts, tous les goûts, tous les talents de plaire :
« Pompadour, vous embellissez
« La Cour, le Parnasse et Cythère.
« Charme de tous les cœurs, trésor d'un seul mortel,
« Qu'un sort si beau soit éternel !......
« . . . .

(*A Madame de Pompadour, qui venait de jouer la comédie aux petits appartements*).

« Les esprits, et les cœurs, et les remparts terribles
« Tout cède à vos efforts. . . . .
« . . . .

« Pompadour, ton crayon divin
« Devait dessiner ton visage ;
« Jamais une plus belle main
« N'aurait fait un plus bel ouvrage. »

(*A Madame de Pompadour, dessinant une tête*).

« Lachésis tournait son fuseau. . . . .
« . . . . »

(*A la même après une maladie*).

« Cette américaine parfaite
« Trop de larmes a fait couler.
« Ne pourrai-je me consoler
« Et voir Vénus à sa toilette ? »

(*Impromptu à Madame de Pompadour, en rentrant à sa toilette, le lendemain d'une représentation d'Alzire, au théâtre des Petits appartements, où elle avait joué le rôle d'Alzire*).

Le titre, l'explication sont moins courts que ces quatre petits vers de mirliton, religieusement recueillis par les éditeurs.

« Il sait aimer, il sait combattre ;
« Il envoie en ce beau séjour
« Un brevet digne d'Henri Quatre
« Signé Louis, Mars, et l'Amour. . . . .
« . . . .
« . . . . »

(*A Madame de Pompadour.* — A. Etiole, juillet 1745).

Voilà quelques-uns de ces vers dont nous connaissons assez la contre-partie :

« Telle plutôt cette heureuse grisette.....
« . . . . »

Puis, les lettres en vers et en prose.

« Quand César, ce héros charmant ....
« . . . . »

« Ce n'est point comme vieux galant flatteur des
« belles que je vous parle ; c'est comme bon citoyen...
« Je suis avec respect, madame, de vos yeux, de
« votre figure, de votre esprit, le très, etc... »

(Avril, 1747).

« Sincère et tendre Pompadour,
« Car je veux vous donner d'avance
« Ce nom qui rime avec Amour,
« Et qui sera bientôt le PLUS BEAU NOM DE FRANCE!!!.
« . . . . »

(1747).

« Dans ces lieux jadis peu connus.....
« . . . .
« J'ai l'honneur, de la part d'Achille,
« De rendre grâces à Vénus...
« . . . .
« De deux rois qu'il faut adorer

« Dans la guerre et dans les alarmes,
« L'un est digne de soupirer
« Pour vos VERTUS et pour vos charmes,
« Et l'autre de les célebrer. »

(A Potsdam. — Le 20 Auguste, 1750).

Les VERTUS de Madame de Pompadour ! Aussi la courtisane commandait à son bas flatteur la *Princesse de Navarre* et lui envoyait son portrait ; mais « il me manque des yeux pour le voir..... J'ai reçu « le même jour des reliques de Rome pour une église « que je fais bâtir, et le portrait de Madame de Pom- « padour. Me voilà très-bien pour ce monde-ci et « pour l'autre. »

(A Mme la comtesse de Lutzelbourg. — Ferney, 11 octobre 1761).

« Je ne veux point mourir sans vous avoir envoyé « une ode pour Madame de Pompadour. Je veux la « chanter fièrement, hardiment, sans fadeur, car je « lui ai obligation ».

(A M. le duc de la Vallière. — Mai, 1759).

Magnifique sujet, digne de la verve lyrique de Voltaire !

Ce n'est pas tout : N'oublions pas de quel ton sévère et dédaigneux l'austère Philosophe reproche au grand Corneille d'avoir dédié *Cinna* à M. de Montauron. Mais M. de Montauron, simple citoyen, ami et protecteur des lettres, valait bien Mademoiselle Poisson, la courtisane, et c'est à Mademoiselle Poisson, la courtisane, devenue, on sait comment, marquise de Pompadour, que Voltaire, âgé de soixante-six ans, dédie sa tragédie de *Tancrède*, en l'assurant non-seulement de sa *reconnaissance* et de son attachement, mais de son *respect que rien ne saurait altérer*. !

Descendons, s'il est possible, plus bas ! plus bas encore ! Une fille publique, ramassée dans les mauvais lieux, succède à Mlle Poisson, et le vieux Patriarche (79 ans !) :

« Madame, M. de Laborde m'a dit que vous lui
« avez ordonné de m'embrasser des deux côtés de
« votre part :

« Quoi ! deux baisers sur la fin de ma vie !
« Quel passe-port vous daignez m'envoyer ?
« Deux ! c'est trop d'un, adorable Egérie :
« Je serais mort de plaisir au premier !

« Il m'a montré votre portrait ; ne vous fâchez pas,
« Madame, si j'ai pris la liberté de lui rendre les deux
« baisers

« Vous ne pouvez empêcher cet hommage,
« Faible tribut de quiconque a des yeux :

« C'est aux mortels d'adorer votre image ;
« L'original était fait pour les Dieux !
« . . . .

« Daignez agréer, Madame, le profond respect d'un « vieux solitaire.... »

(A Madame la comtesse Dubarry. — 20 juin 1773).

Profond *respect*, tout comme à Madame de Pompadour !

Baiser, comme à Madame de Prie ! —1725— 1773 !

Vertueux démocrates, saluez ! — Vous qui, avec raison, exécrez les courtisans, saluez !

Madame la duchesse de Choiseul écrit à Madame du Deffand (18 Août 1773) :

« La prose est assez plate, mais il y a de jolis vers :

« C'est assez aux mortels d'adorer votre image ;
« L'original était fait pour les dieux !

« Je crois que je les gâte en vous les écrivant, car « ils ne me paraissent plus si jolis. Ce pauvre Voltaire a bien souillé sa plume en vieillissant ! »

Et dans sa jeunesse, donc ! Et dans son âge mûr ! Et dans sa vieillesse !

Madame la duchesse de Choiseul, Madame la marquise du Deffand, ces amies intimes de Voltaire, et qui lui passaient tant de choses !

Le 18 février 1737, il écrivait à Cideville : « Je ne « louerai jamais ce que je méprise, et je ne ferai « jamais la cour à personne..... Je ne déshonorerai « jamais le peu de talents que la nature m'a donnés « par aucune flatterie. »

Et Louis XV ? — *Trajan est-il content ?* — Et Frédéric : *Je suis Prussien !* — Et Catherine : *Je suis Russe !* etc..... etc..... etc.....

Cette prose, ces vers, ces lettres sont sans doute dictés par l'intérêt, par l'ambition, par le besoin de protecteurs et surtout de protectrices ; jamais adulation ne se prosterna d'une manière si abjecte, mais, enfin, elle avait un but. C'est surtout dans sa vie privée, dans sa volumineuse correspondance qu'apparaît la profonde immoralité de Voltaire, même abstraction faite de ce qui peut n'être regardé que comme plaisanteries, saillies bouffonnes. C'est là qu'on peut surtout l'étudier, le connaître *intùs et in cute*. Mais trop souvent il est impossible de citer, et par respect pour Monseigneur le Public, et pour cause de salubrité publique, et par crainte de tomber sous le coup d'outrages à la morale.

Nous aimons les correspondances des hommes illustres, quand ils ne la rédigent pas pour la postérité, qu'avaient en vue Voiture et Balzac. Là, se montre le cœur avec toutes ses faiblesses, toute son énergie, toutes ses qualités bonnes ou mauvaises. Les *Mémoires*, les *Confidences*, les *Souvenirs*, les *Histoires de ma vie*, les *Confessions*, etc...., ne nous apprennent que ce que leurs auteurs veulent bien nous en dire. Il n'en est pas ainsi des lettres confidentielles.

Voltaire, lui, ne *pose* pas ; dans sa vaste correspondance, il se *confesse* d'autant mieux qu'il ne veut pas se *confesser*. Certes, il savait bien que ses lettres pourraient être lues parfois par d'autres que ses correspondants ; qu'il y avait plus d'un Damilaville dont tout le mérite et toute la gloire consistaient à les faire circuler dans les salons du baron d'Holbach, de Mesdames Geoffrin et de Lespinasse (1); mais le plus grand nombre ne fut connu qu'après sa mort; d'ailleurs, il ne pouvait se tenir toujours en garde, et, bon gré, mal gré, c'est là qu'il se fait connaître. Une biographie de Voltaire où cette énorme correspondance serait négli-

---

(1) Damilaville, espèce de niais, surnommé : *Et moi, je vous dis*, parce que, vide d'idées, s'emparant de celles de d'Alembert, de Diderot, de d'Holbach, d'Helvétius, il allait les répétant toujours et partout, en s'écriant avec fierté : « Et moi je vous dis ! » On lui a attribué quelques très mauvais ouvrages qu'il n'était pas même capable d'écrire, tout mauvais qu'ils sont.

gée, serait radicalement fausse. C'est donc là, nous le répétons, qu'il faut l'étudier.

Aimable, souple, léger, abondant, admirable d'esprit, d'élégance, de goût, de suprême bon ton, il s'y montre en même temps, petit, vain, grossier, menteur, calomniateur misérable, intolérant, lui, le grand apôtre de la tolérance. Il loue et il déchire, il caresse et il mord, il flatte et il insulte, il cajole et il tue, il dit vrai et il ment, à propos des mêmes personnages, selon la pensée qui lui traverse l'esprit, sans fard, sans apprêt. Rien de plus attrayant que cet immense recueil qui va de Louis XIV à Louis XVI; qui, embrassant une période de soixante-cinq années, commence en 1713 par des lettres d'amour, et se termine en 1778, par un billet, tracé d'une main mourante, pour le fils de Lally. On se plaît à voir les noms de ces conspirateurs en sous-ordre, sollicitant du Grand-Lama un brevet de génie et d'immortalité que le glorieux souverain leur jette à la face, en riant le premier de ces étranges prétentions.

> Un compliment moqueur leur donnait le baptême;
> Protégé de ton nom, riche de ton billet,
> Pour la Postérité chacun appareillait;
> Mais, hélas! la plupart sont restés sur la route,
> Ta signature, hélas! leur a fait banqueroute!
> Tu les avais en vain nommés tes héritiers,
> Et, flattés et flatteurs, ils sont morts tout entiers!

C'est le plus enchanteur des hommes, c'est le plus effronté des hypocrites ! Mais que de grâce ! que d'aisance ! quel naturel exquis ! c'est, comme ses autres ouvrages, *en prose*, — entendons-nous, — la meilleure satire de bien des livres de nos jours : « Je n'ai « jamais fait une phrase de ma vie, répétait-il, et je « m'en vante. » Qu'eût-il dit, grand Dieu, du *roi Voltaire* ? Quels bons et francs éclats de rire ! Les lettres de Cicéron pourraient seules soutenir le parallèle avec les lettres de Voltaire. Madame de Sévigné, comme femme, est hors de concours. Encore les lettres de l'immortel Consul tirent-elles leur principal intérêt des évènements dont il parle ; jamais il ne connut le badinage élégant et facile, les rapprochements ingénieux, l'art de causer en écrivant, de faire jaillir un trait inattendu de l'incident le plus léger. Cicéron, écrivant à Atticus a l'air de parler encore *pro Milone, pro Ligario, pro Archiâ*. « Les lettres de Cicéron, dit Jou« bert, ce penseur charmant, sont extrêmement cour« tes, et il s'y trouve très peu d'agréments .... Il eût « été aussi difficile à Cicéron d'écrire une lettre comme « Voltaire, qu'à Voltaire de faire un discours comme « Cicéron ».

Malheureusement, dans la correspondance de Voltaire, l'homme perd tout à être connu : Pas un élan, pas un cri du cœur ; c'est léger, charmant, spirituel,

mais c'est l'égoïsme élevé à la suprême puissance ; c'est le règne de ce *Moi* que haïssait tant Pascal *parce qu'il se fait le centre de tout.*

Voltaire ne s'occupe que de lui, de ses intérêts, de son argent, de ses ennemis, de ses rancunes, de ses haines, du succès de ses livres, du *Tripot*, de ses éternelles pièces de théâtre. — Sainte-Beuve *(Causeries du Lundi.* — 8 Novembre 1852) a justement apprécié les *Lettres de M. de Voltaire et de M. d'Alembert :*

« Cette correspondance est laide ; elle sent la secte et
« le complot, la confrérie et la société secrète ; de quel-
« que point de vue qu'on l'envisage, elle ne fait point
« d'honneur à des hommes qui érigent le mensonge en
« principe, et qui partent du mépris de leurs sembla-
« bles comme de la première condition pour les éclairer.
« *Eclairez et méprisez le genre humain !* Triste mot
« d'ordre, et c'est le leur. *Marchez toujours en rica-*
« *nant.* C'est le refrain perpétuel. »

Vauvenargues, l'ami de Voltaire, avait dit avant Sainte-Beuve : « Ceux qui méprisent l'homme ne sont
« point de grands hommes. » — Or, l'amer auteur de *Candide* a toujours méprisé l'homme ; il se joue cruellement de ses misères. — Pourtant, l'homme, pour qui a coulé le sang d'un Dieu, doit, malgré ses fautes et ses faiblesses, être respecté : le mépriser, n'est pas faire

preuve d'un grand esprit. — Pauvre observation aux yeux de Voltaire et de ses complices, mais qui n'en est pas moins juste et vraie. — *La remarque subsiste*, dirait encore Dacier.

C'est surtout dans ces lettres de Voltaire et de d'Alembert qu'abondent les mensonges, les petitesses, les misères, les calomnies, les injures et toutes ces obscénités qu'on ne saurait traduire même en latin ; du reste, le style si vif, si alerte, si clair, si limpide, si français de *Raton* ne se traduirait pas plus facilement que le style lourd, épais, insipide de *Bertrand* le géomètre. — A peine pourrait-on arpenter, à longues enjambées ce terrain infertile, les immenses déserts de cette stérile philosophie.

Quels sont ceux de ses nombreux correspondants que Voltaire honorait particulièrement de ses polissonneries ? Thiriot, d'Argental, Richelieu, Chabanon, d'Alembert, d'Argence de Dirac, Thibouville, l'abbé de Lachau, Damilaville, Frédéric même, etc..... Et les dames : Mesdames d'Argental, de Lutzelbourg, Denis et de Fontaine, ses Nièces ! — A cette dernière il écrit :

(13 Février, 1755) :

« J'espère que vous ne mépriserez pas absolument
« mes petits Pénates, et que vous viendrez les embellir

« de votre présence et de vos dessins. Apportez-moi
« surtout les plus immodestes pour me réjouir la vue. »

(8 Janvier, 1756) :

« ..... Amusez-vous toujours à peindre de beaux
« corps tout nus, en attendant que le docteur Tronchin
« rétablisse et engraisse le vôtre. »

Toute cette lettre est ignoble.

(Juin, 1757) :

« Votre idée, ma chère Nièce, de faire peindre de
« belles nudités par Natoire et Boucher pour regail-
« lardir ma vieillesse, est d'une âme compatissante, et
« je suis reconnaissant de cette belle invention. On
« peut aisément, en effet, faire copier à peu de frais ;
« on peut aussi faire copier, au Palais-Royal, ce qu'on
« trouvera de plus beau et de plus immodeste, etc... »

Pouah ! le cœur se soulève ! — Que serait-ce s'il
était possible de transcrire tels passages des *Contes,* du
Dictionnaire Philosophique, de *Candide,* ce chef-
d'œuvre de style, de méchanceté et de cynisme !

Nous lisions, un jour, dans un vieux numéro du
Journal de l'Empire (2 Décembre 1811), une excellente et juste réflexion, à propos de Piron : « Il est des

« torts que le talent ne peut excuser. Qu'un auteur
« écrive d'une manière dangereuse sur des questions
« de politique, de religion, de morale spéculative, on
« pourra toujours l'excuser sur l'intention, et dire qu'il
« s'est égaré de bonne foi ; mais il n'y a point de justi-
« fication possible pour celui qui souille sa plume par
« des productions ordurières, qui manque à la décence
« publique, et qui fait aux Lettres un si grand déshon-
« neur. »

S'il ne s'agissait encore que de péchés de jeunesse !
Mais, à quatre-vingt-quatre ans, Voltaire se plaisait
à condenser en rimes, en prose plus que légère, ce que
n'aurait pas trouvé Régnier dans les *lieux qu'il fré-
quentait !*

Austères et vertueux Démocrates, saluez !

La franchise, la bonne foi, la loyauté font aussi,
nous le croyons, du moins, partie de la morale. —
Qu'est donc cet homme qui, dit un historien, « met la
« supercherie à côté de la gloire ? » — Qui invente les
plus bizarres pseudonymes, signe ses pamphlets les
plus haineux de noms connus et parfois respectés ? —
La liste en est longue ! — Boulanger, La Visclède,
Dom Calmet, Chaulieu, Hume, Mouhi, Lamothe-le-
Vayer, Huet, Saint-Hyacinthe, Quesnel, Formey,
Desmahis, et tant d'autres avaient tenu leur place dans

l'histoire des Lettres. — Tout l'exécrable système (c'est le même pour tous), se résume ainsi (il s'agit de la triste tragédie des *Guèbres)* :

« Enfin Desmahis est l'auteur de la pièce ; il est
« mort, il ne nous dédira pas ».

(A d'Argental, 15 septembre 1768).

Il voulait d'abord l'attribuer à Gueimond de La-touche, mort depuis dix ans.

Application de son fameux principe qu'on a cité bien souvent : « Il faut mentir comme un diable, non
« pas timidement, non pas pour un temps, mais hardi-
« ment et toujours ».

(A Thiriot, 21 octobre 1736).

En 1856, parut une excellente brochure : *Voltaire et les Genevois*, par J. Gaberel, ancien Pasteur. M. de Pontmartin en rendit compte dans l'*Assemblée nationale* ; nous ne pouvons mieux faire que de transcrire le passage où l'éminent critique flagelle, avec plus de verve encore et avec autant d'indignation que le Ministre protestant, l'infamie de Voltaire cherchant à corrompre la ville à laquelle il doit un lieu d'asile.

« Il n'a pas même la force et le courage de combat-
« tre au soleil et à découvert..... »

Il dénonce aux magistrats les libraires Grasset, Chirol et leurs associés pour avoir introduit à Genève un ballot contenant des fragments de la *Pucelle*, des *Dictionnaires philosophiques*, etc..... A propos du turpe Poëme, « Il faut, écrivit-il à M. Vernes, que je
« sois tombé bien bas dans votre estime, puisque vous
« me croyez capable d'une pareille saleté. » Pour *Candide*, pour le *Dictionnaire*, mêmes dénégations, mêmes dénonciations.

« Et, dit M. de Pontmartin, pendant qu'il dénonce
« ainsi et semble sacrifier les libraires, il s'entend avec
« eux pour organiser une contrebande qui, en dépit
« de la surveillance des magistrats, fait pénétrer dans
« Genève des ballots pleins de ces ouvrages dénoncés
« et prohibés. C'est ici que le rôle de Voltaire devient
« particulièrement odieux, surtout quand on songe
« qu'il était, à cette date, presque septuagénaire, et
« que ses espiègleries en cheveux blancs ne respec-
« taient pas même l'enfance. Il a recours à tous les
« moyens. Tantôt c'est son carrosse qui dépose à la
« porte de Chirol les caisses suspectes; tantôt il fait
« imprimer ses livres impies sous des titres religieux,
« et il commence par trois ou quatre pages convena-
« bles qui servent d'introduction aux plus indignes
« blasphèmes. Une troupe de colporteurs chèrement
« payés s'introduit dans les maisons, dans les bouti-

« ques, et, sous prétexte d'une petite emplette, glisse
« les brochures impies sous des papiers ou des ballots.
« De jeunes femmes se trouvaient-elles au comptoir,
« on avait soin de choisir les écrits les plus propres à
« corrompre leur imagination. » « Bien plus, ajoute
« M. Gaberel, on réussissait à s'introduire dans les
« classes de collége, et les enfants rencontraient ses
« petits livres parmi leurs cahiers : ceux qui connais-
« sent l'attrait des choses mystérieuses pour cet âge,
« peuvent comprendre que ces ouvrages n'étaient li-
« vrés aux maîtres et aux parents qu'après avoir été
« lus et dévorés. La propagande voltairienne allait
« plus loin encore. Dans les locaux où se donnaient
« les leçons des catéchumènes, souvent les catéchis-
« mes furent remplacés par des brochures reliées dans
« le même format et contenant ces dialogues perfides
« où l'incrédule triomphe à plaisir de son interlocu-
« teur chrétien : on reliait les dictionnaires philoso-
« phiques portatifs avec le titre et l'apparence des
« psaumes, et on les laissait sur les bancs du temple de
« la Madeleine, au service des jeunes gens.

C'est ainsi, c'est par son libertinage suranné, par ses
supercheries, par ses fraudes, par ses hypocrisies, par
ses faux, par ses mensonges continuels que le grand
seigneur, le millionnaire, le Philosophe, le vieillard
repoussait le respect dû à l'âge, au talent, à la gloire

C'est ainsi qu'il se faisait donner des leçons de bienséance, de justice et de vertu par les Pasteurs de Genève, Moultou, Vernes, Vernet, Roustan, Claparède, Abauzit, Coindet, Picot, Bonnet qui, sous la grêle des épigrammes, luttaient intrépidement contre l'arsenal de Ferney ! — Malgré leur erreur fondamentale, ils conservaient le plus beau rôle et le plus digne.

Et maintenant, loyaux, fiers, intrépides Démocrates qui, sans doute, vous écriez comme Ajax :

Ciel, rends-nous la lumière, et combats contre nous !

Saluez !

Voltaire se confessait et communiait. — Ah ! cela vous étonne ! Vous ignorez donc ce qu'il a écrit ?

« La confession est une chose excellente, un frein
« aux crimes..... Elle est très bonne pour engager
« les cœurs ulcérés de haine à pardonner, et pour faire
« rendre par les petits voleurs ce qu'ils peuvent avoir
« dérobé à leur prochain. » (*Dictionnaire Philosophique.* — CURÉ DE CAMPAGNE. — Section II).

« On peut regarder la confession comme le plus
« grand frein des crimes secrets. » *(Essai sur les mœurs et l'esprit des nations.* — Chapitre XXI).

« Voilà donc des hommes qui reçoivent Dieu dans

« eux, au milieu d'une cérémonie auguste, à la lueur
« de cent cierges, après une musique qui a enchanté
« leurs sens, au pied d'un autel brillant d'or. L'imagi-
« nation est subjuguée, l'âme est saisie et attendrie.
« On respire à peine, on est détaché de tout bien ter-
« restre, on est uni avec Dieu, il est dans notre chair
« et dans notre sang. Qui osera, qui pourra commettre
« après cela une seule faute, en recevoir seulement la
« pensée ? Il était impossible, sans doute, d'imaginer
« un mystère qui retint plus fortement les hommes
« dans la vertu. » *(Dictionnaire Philosophique. —* EUCHARISTIE).

M. Sarcey ne se plaindra pas de ce que *cela manque de musique !*

Donc, Voltaire, après ces grandes et belles paroles, devait, pour être conséquent, se confesser et communier. — Mais écoutez :

« Je me trouve entre deux Evêques qui sont du
« quatorzième siècle, et il faut hurler avec ces sacrés
« loups.....

« ..... Puisque l'on s'obstine à m'imputer les
« ouvrages de Saint-Hyacinthe, de l'ex-capucin
« Maubert, de l'ex-mathurin Dulaurent, et du sieur
« Robinet, tous gens qui ne communient pas, je veux
« communier. »

(A d'Argental. — 22 Avril 1768).

Notez que c'est sous le nom de Saint-Hyacinthe, mort en 1746, qu'il publiait, en 1767, l'exécrable *Dîner du comte de Boulainvilliers.* — « On ne fait
« nul tort à la mémoire de Saint-Hyacinthe, en lui
« attribuant une plaisanterie faite il y a quarante ans.
« Les morts se moquent de la calomnie, mais les
« vivants peuvent en mourir. »

(A M. Saurin. — 5 Février, 1768).

Continuons.

« Mon cher Marquis, le sieur Gillet ou Gilles n'est
« pas trop bien informé des affaires de ce monde. Il ne
« sait pas qu'il y a des choses si méprisables qu'on
« peut quelquefois s'abaisser jusqu'à elles sans se com-
« promettre. Si jamais vous vous trouvez dans une
« compagnie où tout le monde montre son ... (le mot
« y est dans ses trois lettres),.... je vous conseille de
« mettre chausses bas, en entrant, au lieu de faire la
« révérence. »

(A M. le marquis de Villevieille. — 1ᵉʳ mai 1768).

C'est du courage !

« Il y a longtemps que je suis accoutumé aux plaisan-
« teries et aux impostures. Il est plaisant qu'un devoir

« que j'ai très souvent rempli, ait fait tant de bruit à
« Paris et à Versailles. Madame Denis doit se souve-
« nir qu'elle a communié avec moi à Ferney, et
« qu'elle m'a vu communier à Colmar. »

(Au Maréchal, duc de Richelieu. — 29 juin 1768).

Il est de fait que les *Philosophes* n'étaient pas contents, que le grand Lama reçut bien des reproches. — Voyez la *Correspondance* de Grimm.

Même infamie, l'année suivante :

« Eh bien ! Madame, je suis plus honnête que vous;
« vous ne voulez pas me dire avec qui vous soupez,
« et moi je vous avoue avec qui je déjeune. Vous voilà
« bien ébahis, Messieurs les Parisiens ! La bonne com-
« pagnie chez vous ne déjeune pas parce qu'elle a
« trop soupé ; mais moi, je suis dans un pays où les
« médecins sont italiens, et où ils veulent absolument
« qu'on mange un croûton à certains jours..... Vous
« savez que je n'ai pas deux cent mille hommes à
« mon service, et que je suis quelquefois un peu go-
« guenard. J'ai donc pris le parti de rire de la méde-
« cine avec le plus profond respect, et de déjeuner
« comme les autres avec ces attestations d'apothi-
« caires.

(A Madame la marquise du Deffand. — 24 avril 1769).

« Mes anges sont tout ébouriffés d'un déjeuner par
« devant notaire..... On ne peut donner une plus
« grande marque de mépris pour ces facéties que de
« les jouer soi-même. »

(A d'Argental. — 8 mai 1769).

« J'édifie tous les habitants de mes terres, et tous
« mes voisins, en communiant... Le roi veut qu'on
« remplisse ses devoirs de chrétien. »

(Au même. — 23 mai 1769).

« La lettre, Madame, dont vous m'honorez, m'est
« assurément plus précieuse que tous les sacrements
« de mon Eglise catholique, apostolique et romaine.
« Je ne les ai point reçus cette fois. On s'était trop
« moqué à Paris de cette petite facétie. »

(A Madame Necker. — 23 avril 1776).

Nous voilà loin, bien loin, de la *confession, excellente chose, frein aux crimes*; *de la communion, mystère qui retient le plus fortement les hommes dans la vertu*; *qui fait qu'on ne peut recevoir seulement la pensée d'une seule faute!*

Etc..... etc..... etc....

Est-ce assez d'infamies!

Démocrates sceptiques, libres-penseurs, qui, même quand il s'agirait de la vie, reculeriez devant ces formidables sacriléges, — saluez!

Voltaire, — qui a toujours de l'esprit, c'est convenu, — en abuse parfois. Exemple : quand il dit (*Histoire de l'établissement du Christianisme*) (1777).— chap. VII) : « Mylord Bolingbroke a bien raison de dire que
« *la première profession de foi qu'on attribue à cette*
« *secte, appelée depuis l'onguent, ou christianis-*
« *me....* » C'est Voltaire qui souligne ; puis, il ajoute en note, de peur qu'on n'en ignore :

« Christ signifie *oint*, christianisme, *onguent*. »

Nous ne savons si, en effet, Mylord Bolingbroke, qui ne manquait pas non plus d'esprit, a dit cette énorme bêtise ; mais, dans tous les cas, Voltaire se l'approprie, la réclame pour son compte, la cite avec délices. Qu'ainsi soit !

Voici qui, certes, a trait encore à la morale :

(A Madame du Deffand. — 18 mai 1767) :

« Il y a une femme qui se fait une bien grande répu-
« tation : c'est la Sémiramis du Nord, qui fait mar-
« cher cinquante mille hommes en Pologne, pour éta-

« blir la tolérance et la liberté de conscience. C'est une
« chose unique dans l'histoire de ce monde, et je vous
« réponds que cela ira loin. Je me vante à vous d'être
« un peu dans ses bonnes grâces; je suis son cheva-
« lier envers et contre tous. Je sais bien qu'on lui
« reproche quelque bagatelle au sujet de son mari,
« mais ce sont des affaires de famille dont je ne me
« mêle pas; il n'est pas mal qu'on ait une faute à ré-
« parer, cela engage à faire de grands efforts pour
« forcer le public à l'estime et à l'admiration, et
« assurément son vilain mari n'aurait fait aucune des
« grandes choses que ma Catherine fait tous les
« jours. »

Que ne pouvons-nous donner toute la très longue et très magnifique lettre de Madame la duchesse de Choiseul, — l'amie de Voltaire, — à Madame la marquise de Deffand, — l'amie de Voltaire ! —

« ..... Rien de plus choquant que son enthousiasme
« pour l'impératrice de Russie ; rien de plus révoltant
« et de moins léger que sa petite plaisanterie : « *Je*
« *sais bien qu'on lui reproche quelques bagatelles au*
« *sujet de son mari, mais ce sont des affaires de*
« *famille dont je ne me mêle pas !*.....

« Quoi ! Voltaire trouve qu'il y a le mot pour rire
« dans un assassinat ! Et quel assassinat ! Celui d'un

« souverain par sa sujette, celui d'un mari par sa
« femme ! cette femme conspire contre son mari et
« son souverain, lui ôte l'empire et la vie de la façon
« la plus cruelle, et usurpe le trône sur son propre
« fils, et Voltaire appelle cela des *démêlés de famille !*
« Il n'est pas mal, ajoute-t-il, qu'on ait une faute à
« réparer. Comment ! Ces crimes atroces ne sont que
« des *bagatelles*, des *fautes*, de petits péchés véniels
« faciles à réparer ! Il ne lui faut qu'un *meâ culpâ* et
« une absolution : la voilà blanche comme neige ; elle
« est la gloire de son empire, l'amour de ses sujets,
« l'admiration de l'univers, la merveille de son siè-
« cle !..... Vous avez senti cela comme moi, et vous
« lui avez répondu par le persifflage le plus fin et le
« plus délicat. Puisse-t-il en rougir ! . . . .
« . . . .

« Voltaire a-t-il donc oublié ces beaux vers qu'il
« met dans la bouche de Mérope :

> « L'empire est à mon fils ; périsse la marâtre,
> « Périsse le cœur dur, de soi-même idolâtre,
> « Qui peut goûter en paix dans le suprême rang
> « Le barbare plaisir d'hériter de son sang !

« Voltaire pense-t-il la justifier en disant que ce
« fils n'était qu'un enfant et que son mari était un im-

« bécille ! Mais quels droits seraient donc certains si
« ceux des enfants ne le sont pas, et si l'on donnait la
« colique hémorrhoïdale à tous les sots ! Grand Dieu !
« Quelle dépopulation dans l'univers ! Cette politique
« envers son fils est-elle bien adroite ? Ne l'obligera-
« t-elle pas un jour à un nouveau crime ? . . . . Mais
« elle ne craint pas d'en commettre de nouveaux ; son
« cœur y est aguerri. Que lui avait fait ce pauvre Ivan
« pour le comprendre dans ces proscriptions ? Il l'au-
« rait laissé régner tranquillement, comme il avait
« laissé mourir Elisabeth. Pauvre Elisabeth ! C'est
« par elle, dit-on, qu'a commencé le cours des forfaits
« de Catherine. . . . .
« . . . .

« Qu'a-t-elle fait d'ailleurs pour son Etat ? Quel-
« ques fondations d'hôpitaux d'enfants trouvés, quel-
« ques prix distribués aux Académies ! Elle a fait un
« roi, mais elle lui fait à présent la guerre, et, comme
« vous le dites fort bien, elle *prêche la tolérance avec*
« 50,000 hommes ! Voltaire n'a rien dit de si plaisant !
« . . . .

« Ce que je ne pardonne pas à Voltaire, c'est ce froid,
« ce bas, ce détestable panégyrique de sa *Sémiramis*,
« qu'il imprime, qu'il donne au public. . . . . . .
« . . . .

« Que des écrivains obscurs, vils, bas, mercenaires,

« lui louent leurs plumes abjectes, je leur pardonne ;
« mais Voltaire ! Voltaire, l'honneur et la merveille de
« son siècle, lui dont les écrits immortaliseront notre
« langue !.... Il souille sa plume de l'éloge de cette
« infâme ! . . . .

(A Madame de Choiseul. — 18 Juin, 1767).

Et Madame du Deffand.

« Permettez-moi de faire imprimer votre lettre, et
« vous verrez l'admiration qu'elle inspirera, l'effet
« qu'elle produira. L'admirable Catherine de Voltaire
« deviendrait catin des rues. »

VOLTAIRE, CITOYEN FRANÇAIS

oltaire nous a fort maltraités, et cela de tout temps et dans tous ses ouvrages. Le 29 Août 1742, il écrivait à Frédéric, qui nous appelait *frélons, perroquets, sapajous.* « Il me fallait le roi de « Prusse pour maître, et le Peuple anglais pour con- « citoyen. » — Ce qui ne l'empêchait pas de déclarer à Catherine qu'il voudrait être *Russe;* — tout, excepté Français !

« Battez les Turcs, Madame, battez les Turcs ! « On dit bien qu'il y a des Français dans l'armée « turque. Mais, est-ce que je suis Français, moi ? »

« Je mourrai bientôt, et ce sera en détestant le Pays « des singes et des tigres, où la folie de ma mère me fit « naître, il y a bientôt soixante et treize ans... »

(A d'Alembert. — 7 d'Auguste, 1766).

« La France est peut-être de tous les Pays, celui
« qui a le plus uni la cruauté et le ridicule. » — *(Essai
sur les mœurs et l'esprit des Nations.* — Introduction. — XXXV).

Tigres, loups, singes, sauvages, barbares, welches, etc...., telles sont les épithètes dont il nous honore, et dans ses livres les plus sérieux. — Dans ses *Facéties*, il se gène moins encore : *Le Discours aux Welches* (1764), et les deux *suppléments*, par Antoine Vadé, frère de Guillaume, sont le *nec plus ultrà* de l'insulte à sa Patrie.

Soit : — C'est probablement par excès d'amour pour nous ; — qui aime bien, châtie bien. — Les grognards de Napoléon, tout dévoués qu'ils étaient, et par cela même qu'ils étaient dévoués, — ne l'épargnaient pas dans leurs causeries de Bivouacs. — Des Royalistes, plus royalistes que le Roi, traitaient Louis XVIII de Jacobin ; mais, en face de l'Etranger, leurs paroles étaient différentes. — Voyons Voltaire dans ses rapports avec l'Etranger.

Commençons par la Pologne.

Le premier partage eut lieu en 1771-1772 : le Roi de Prusse, l'Impératrice de Russie, la Maison d'Autriche eurent chacun un morceau de choix. Jamais plus odieuse usurpation ne constata mieux le droit inique de la force ; jamais la justice, l'humanité, la plus sainte des causes ne furent plus violemment, plus lâchement sacrifiées à l'ambition. — Ecoutons comment Voltaire juge ce crime national :

> « La Paix a bien raison de dire aux Palatins :
> « Ouvrez les yeux, le Diable vous attrappe,
> « Car vous avez à vos puissants voisins,
> « Sans y penser, longtemps servi la nappe ;
> « Vous voudrez donc bien trouver bel et beau
> « Que ces voisins partagent le gâteau.

« C'est assurément le vrai gâteau des Rois, et la
« fève a été coupée en trois parts. »

(Lettre à Frédéric. — 16 Octobre, 1772).

« C'est donc dans le Nord que tous les Arts fleuris-
« sent aujourd'hui ! C'est là qu'on fait les plus belles
« porcelaines, qu'on partage des Provinces d'un trait
« de plume, qu'on dissipe des confédérations et des
« sénats en deux jours. »

(A Frédéric. — 13 Novembre, 1772).

« On prétend, Sire, que c'est vous qui avez imaginé
« le partage de la Pologne, et je le crois, parce qu'il y
« a là du génie, et que le traité s'est fait à Potsdam... »

(A Frédéric. — 18 Novembre, 1772).

Nous aimons mieux le mot du Comte de Maistre :
« Depuis le partage de la Pologne, l'Europe est en
« état de péché mortel. »

Le traité est du 2 Septembre, 1772.

Nous n'en finirions pas avec ces tristes citations.

Passons à Catherine.

Des Français sont allés au secours de la Pologne :

« Si je questionnais le Chevalier de Boufflers, je lui
« demanderais comment il a été assez follet pour aller
« chez ces malheureux Confédérés, qui manquent de
« tout, et surtout de raison, plutôt que d'aller faire sa
« cour à celle qui va les mettre à la raison. »

(4 Juillet, 1771).

Qui *manquent de tout !* — Il faut être, *fou,* en effet, pour aller au secours de *qui manque de tout !*

« J'ai le cœur navré de voir qu'il y a de mes com-
« patriotes parmi ces fous de Confédérés. Nos Welches
« n'ont jamais été trop sages, mais du moins ils pas-
« saient pour galants ; et je ne sais rien de si grossier
« que de porter les armes contre vous. Il est bien
« honteux et bien fou qu'une trentaine de blancs-becs
« de mon Pays aient l'impertinence d'aller vous faire

« la guerre, tandis que deux cent mille Tartares
« quittent Moustapha pour vous servir ; ce sont les
« Tartares qui sont polis, et les Français sont devenus
« de Scythes. Daignez observer, Madame, que je ne
« suis point Welche ; je suis Suisse, et, si j'étais plus
« jeune, je me ferais Russe. »

(18 Octobre, 1771).

Au Roi de Prusse, il dit : « Je veux mourir Prussien ! »
Prussien, Russe, Suisse, Anglais, tout excepté Français ! — C'est bien cela !

Toujours à Catherine :

« Une autre peste est celle des Confédérés de Pologne ; je me flatte que Votre Majesté Impériale les
« guérira de leur maladie contagieuse. Nos Chevaliers
« Welches, qui ont été porter leur inquiétude et leur
« curiosité chez les Sarmates, doivent mourir de faim
« s'ils ne meurent pas du charbon. Voilà une plaisante
« croisade qu'ils ont été faire. Cela ne servira pas à
« faire valoir la prudence et la galanterie de ma chère
« nation. »

(1er Janvier, 1772).

La réponse de l'Impératrice est admirablement à la hauteur des paroles si *françaises* de son correspondant :

« J'ai aussi un remède pour les Petits-Maîtres sans
« aveu qui abandonnent Paris pour servir de Précep-
« teurs à des Brigands. Ce dernier remède vient en
« Sibérie ; ils le prendront sur les lieux. Ces secrets
« sont efficaces, et ne sont point d'un charlatan. ».

(A Voltaire. — Le 19/30 Mars, 1772).

Et Voltaire s'indigne-t-il ? Et ne proteste-t-il pas contre ces ligues cruelles ? Le peu de sang français qui lui reste encore dans les veines ne se soulève-t-il pas ? Non :

« Nos extravagants Chevaliers errants qui ont couru
« sans mission vers la zone glaciale combattre pour le
« *liberum veto,* méritent assurément toute votre indi-
« gnation. »

(29 Mai, 1772).

Quel amour de la justice et de l'humanité ! Quel patriotisme ! — O *vieux idolâtre* du Roi de Prusse (16 Octobre, 1772) ! — O *vieux Russe* de Ferney (9 Auguste, 1774) ! — Des Français vous élèvent des statues ! Des Français veulent célébrer l'anniversaire de votre mort !

Démocrates qui, aux cris de VIVE LA POLOGNE ! faites des émeutes, envahissez, en armes, les assemblées élues par votre cher suffrage universel ; — Démocrates, frères et amis des Polonais ; — Saluez !

Quel Français pourrait applaudir aux désastres de Strasbourg, de Metz, de Sédan ? Eh bien ! Au XVIIIme siècle, il s'est trouvé un grand écrivain, un *Philosophe*, né à Paris, — nous n'osons dire un Français, — pour *chanter* en prose et en vers notre défaite de Rosbach ! Pour railler, insulter cyniquement nos soldats vaincus ! — Les citations que nous allons faire ont été reproduites souvent, et toujours, opprobres de sa mémoire, doivent être jetées à la face de la statue de Voltaire ; mais il est bon de les répéter, de les remettre sous les yeux des fanatiques de ce mauvais Français, de cet adorateur de nos vainqueurs.

Ce sera bien le cas de dire : Saluez !

Donc, le 3 Novembre 1757, une batterie Prussienne, placée par le Roi sur les hauteurs d'une colline, écrasait l'armée française commandée par Soubise. — Malgré les prodiges de valeur du Marquis de Crillon et d'autres officiers, la déroute, causée surtout par la conduite des Impériaux, nos alliés, fut complète et frappa la France de stupeur, mais fit jeter à Voltaire des cris de joie et d'admiration !

Le 16 Janvier 1758, Frédéric écrit en réponse à plusieurs lettres de son adorateur :

« Je vous remercie de la part que vous prenez aux
« heureux hasards qui m'ont secondé à la fin d'une
« campagne où tout semblait perdu. »

Cela pourrait servir d'épigraphe à nos citations.

« Héros du Nord, je savais bien
« Que vous avez vu les derrières
« Des guerriers du Roi Très-Chrétien
« A qui vous taillez des croupières ;
« Mais que vos rimes familières
« Immortalisent les beaux …
« De ceux que vous avez vaincus,
« Ce sont des faveurs singulières ;
« Nos blancs-poudrés sont convaincus
« De tout ce que vous savez faire. …
« . . . . »

(2 Mai, 1758).

C'est tout simplement infâme !

Bien des années après Rosbach, il n'en a pas perdu le souvenir délicieux :

« Vous souvenez-vous, Sire, d'une pièce charmante
« que vous daignâtes m'envoyer, il y a plus de quinze
« ans, dans laquelle VOUS PEIGNIEZ SI BIEN

« Ce Peuple sot et volage,
« Aussi vaillant au pillage
« Que lâche dans les combats ? »

(7 Décembre, 1774).

« Sire, toutes les fois que j'écris à votre Majesté sur
« des affaires un peu sérieuses, je tremble comme nos
« régiments à Rosbach. »

(28 Mars, 1775).

Quelques jours après :

« Il n'y a point de Welche qui ne tremble en voyant
« votre portrait ; c'est précisément ce que je voulais :

« Tout Welche qui vous examine
« De terreur panique est atteint,
« Et chacun dit à votre mine
« Que dans Rosbach on vous a peint. »

(27 Avril, 1774).

Et plus tard :

« L'uniforme prussien ne doit servir qu'à faire « mettre à genoux les Welches. »

(Mai, 1775).

Nous en passons, et des pires !

Franchement, traduit devant un Conseil de Guerre, le *Patriarche de Ferney* (puisque c'est ainsi que M. Prudhomme l'appelle) ne serait-il pas condamné à être fusillé, après dégradation (s'il pouvait être dégradé !) en face de l'armée française ?

Démocrates, qui aimez votre Pays, qui gémissez sur ses malheurs, qui, comme nous, pensez à une éclatante revanche sur la Prusse, — Saluez !

Deux jeunes gens, le Chevalier de la Barre et d'Etallonde de Morival, furent accusés (1766) de s'être agenouillés respectueusement devant des ouvrages impies, entre autres devant le *Dictionnaire Philosophique ;* d'avoir récité publiquement, à haute voix, l'Ode infâme de Piron ; enfin, d'avoir brisé un crucifix placé sur le pont d'Abbeville. Sur ce dernier crime, l'arrêt du Parlement déclarait qu'ils en étaient *véhémentement soupçonnés.* Condamnés à mort, La Barre fut exécuté, d'Etallonde put se sauver à Ferney et en Prusse. — Voltaire frémit d'indignation : pendant plusieurs années, il protesta contre l'odieuse sentence. Frédéric, à qui il recommandait puissamment le fugitif, lui écrivait :

(7 d'Auguste, 1767) :

« Si vous me demandiez si j'aurais prononcé un
« arrêt aussi dur, je vous dirais que non, et que
« selon mes lumières naturelles, j'aurais proportionné
« la punition au délit Vous avez brisé une statue
« (pardon, il s'agit, Sire, d'un *crucifix*), je vous con-
« damne à la rétablir : Vous n'avez pas ôté le chapeau
« devant le Curé de la Paroisse qui portait ce que
« vous savez. Eh bien ! Je vous condamne à vous
« présenter quinze jours consécutifs sans chapeau à
« l'église, etc.... »

Les Juges furent iniques : les accusés étaient seulement *véhémentement soupçonnés* d'avoir abattu le crucifix ; le reste était un simple délit qui, certes, ne méritait pas la mort ; — mais le Roi sceptique, s'efforçant d'imiter la légère plaisanterie de son maître, se montrait beaucoup trop indulgent.

Certes, Voltaire était dans son droit, quand il entassait sur ce malheureux sujet lettres sur lettres, brochures sur brochures, mémoires sur mémoires ; mais, malheureusement, il ne s'arrêta point là, et le mauvais Français reparut bientôt.

(A M. d'Estallon de Morival. — 26 Mai, 1767).

« Je voudrais que vous commandassiez un jour les
« armées du Roi de Prusse, et que vous vinssiez
« assiéger Abbeville. »

« A l'égard d'Etallon de Morival, qui ne s'occupe
« à présent que de contrescarpes et de tranchées, je
« remercie Votre Majesté de vouloir bien me le laisser
« encore quelque temps. Il n'en deviendra que meilleur
« meurtrier, meilleur ingénieur, et il vous servira avec
« un zèle inaltérable dans toutes les journées de
« Rosbach qui se présenteront. »

(A Frédéric. — 15 Février, 1775).

« Morival est un garçon pétri d'honneur. Il trouve
« qu'il y aurait de l'infamie à paraître à genoux avec
« l'uniforme prussien, devant ces robins. Il dit que
« cet uniforme ne doit servir qu'à faire mettre à genoux
« les Welches. »

(A Frédéric. — Mai 1775).

Déjà nous avons cité cette dernière phrase : il est bon de la répéter !

« Sire, tandis que Votre Majesté fait probablement
« manœuvrer trente ou quarante mille guerriers, je
« crois ne pouvoir mieux prendre mon temps pour lui
« présenter la bataille de Rosbach, dessinée par
« d'Etallonde.

« Il brûle de se trouver à une pareille bataille. »

(A Frédéric. — 21 juin, 1775).

On voit qu'il n'a pas dépendu de Voltaire que son Protégé ne jouât le rôle de Coriolan, du Connétable de Bourbon, d'Armand Carrel, -- d'Armand Carrel, — dont Sainte-Beuve a dit (*Causeries du Lundi.* — 3 mai 1852): « Se battre contre son pays est toujours
« une chose grave. »

Démocrates, Patriotes, qui accusez vos adversaires politiques d'avoir pris les armes contre la France, saluez encore ! saluez toujours !

VOLTAIRE AMI DU PEUPLE

Le mépris de Voltaire pour le Peuple datait de loin. Quelle classe du Peuple, si elle le connaissait bien, souscrirait pour sa statue ou son apothéose? — Ce ne sont, certes pas, les charpentiers! — Dès 1722, il disait, parlant de Jésus-Christ :

« Longtemps vil ouvrier, le rabot à la main,
« Ses beaux jours sont perdus dans ce lâche exercice. »

(*Le Pour et le Contre*. — A Madame de Rupelmonde).

Notons, par parenthèse, que Madame de Rupelmonde, fille du maréchal d'Allègre, Dame du Palais de la Reine et maîtresse de Voltaire, avec qui elle fit le voyage de Hollande, fut, paraît-il, peu convaincue par les beaux raisonnements de l'*Epitre à Uranie*, car elle mourut carmélite.

Vil ouvrier, le *rabot à la main, lâche exercice* ! Qu'en dites-vous, charpentiers qui, sachant que le travail ennoblit, gagnez votre pain, le *rabot à la main*, à la sueur de votre front ?

Qui souscrira ? — Les laboureurs, si bien chantés par le religieux Virgile ?

« Nous ne nous soucions pas que nos laboureurs
« et nos manœuvres soient éclairés ; mais nous vou-
« lons que les gens du monde le soient. »

(A Helvétius. — 13 Auguste, 1762).

« Je vous remercie de proscrire l'étude chez les
« laboureurs. »

(A M. de la Chalotais. — 28 Février, 1763),

Les tailleurs et les blanchisseuses ?

« Il faudra bien que tous ces marauds-là n'aient à
« la fin d'empire que sur la canaille. C'est à mon gré
« le plus grand service qu'on puisse rendre au genre
« humain, de séparer le sot peuple des honnêtes gens
« pour jamais. On ne saurait souffrir l'absurde inso-
« lence de ceux qui vous disent : Je veux que vous
« pensiez comme votre tailleur et votre blanchis-
« seuse. »

(A d'Argental. — 27 Avril, 1765).

Les cordonniers et les servantes ?

« On n'a jamais prétendu éclairer les cordonniers et
« les servantes ; c'est le partage des Apôtres. »

(A d'Alembert. — 2 Septembre, 1768).

Etc.... etc.... etc. . . . .
. . . .

Le grand Philosophe, l'ami, le phare de l'humanité,
a dit mieux et plus que cela ; il écrit à M. Tabareau,
directeur des Postes à Lyon :

« A l'égard du Peuple, il sera toujours sot et bar-
« bare... Ce sont des bœufs auxquels il faut un joug,
« un aiguillon et du foin. »

Ici, deux grands esprits, Luther et Voltaire, se ren-
contrent : « Au Paysan, comme à son âne, dit Luther,
« il suffit d'un peu de paille et de foin ; s'il secoue la
« tête, employez le bâton, et s'il rue, la balle. »

Ils sont ainsi ces Prêcheurs de liberté, ces amis du
Peuple, ces flambeaux de l'humanité, ces dispensateurs
des lumières ! — Voltaire, à ce sujet, n'a jamais varié.

« Qu'importe, encore une fois, que votre tailleur et
« votre sellier soient gouvernés par frère Croust et par
« frère Berthier ? Le grand point est que ceux avec
« qui vous vivez soient éclairés. »

(A Helvétius. — 15 Septembre, 1763).

« Il est à propos que le Peuple soit guidé, et non pas
« qu'il soit instruit : il n'est pas digne de l'être. »

(A Damilaville. — 19 Mars, 1766).

« J'entends par le Peuple, la populace qui n'a que
« ses bras pour vivre..... Il me paraît nécessaire qu'il
« y ait des gueux ignorants. Si vous fesiez valoir
« comme moi une terre, et si vous aviez des charrues,
« vous seriez bien de mon avis. Ce n'est pas le manœu-
« vre qu'il faut instruire, c'est le bon bourgeois, c'est
« l'habitant des villes. »

(A Damilaville. 1er Mars, 1766).

Etc.. ... etc.... etc....

Comptez, avec cela, sur les lumières du suffrage universel ! Voltaire en aurait bien ri !

Les amis, les partisans enthousiastes de l'égalité souscriront-ils ?

« Il est impossible dans notre malheureux globe
« que les hommes vivant en société ne soient pas divi-
« sés en deux classes, l'une des riches qui commandent,
« l'autre des pauvres qui servent ; et ces deux se
« subdivisent en mille, et ces mille ont encore des
« nuances différentes.

« Tu viens, quand les lots sont faits, nous dire : Je

« suis homme comme vous ; j'ai deux mains et deux
« pieds, autant d'orgueil et plus que vous, un esprit
« aussi désordonné pour le moins, aussi inconséquent,
« aussi contradictoire que le vôtre. Je suis citoyen de
« Saint-Marin, ou de Raguse, ou de Vaugirard. Il y
« a dans notre hémisphère connu environ cinquante
« mille millions d'arpens à cultiver, tant passables que
« stériles. Nous ne sommes qu'environ un milliard
« d'animaux, à deux pieds, sans plumes, sur ce conti-
« nent ; ce sont cinquante arpens pour chacun : faites-
« moi justice ; donnez-moi mes cinquante arpens.

« On lui répond : Va-t-en les prendre chez les
« Cafres, chez les Hottentots, ou chez les Samoïedes...
« Si tu veux avoir parmi nous le manger, le vêtir, le
« loyer et le chauffer, travaille pour nous comme
« fesait ton Père . . . .
« . . . .

« L'égalité est à la fois la chose la plus naturelle,
« et en même temps la plus chimérique.... Chaque
« homme dans le fond de son cœur a droit de se croire
« entièrement égal aux autres hommes ; il ne s'ensuit
« pas de là que le cusinier d'un cardinal doive ordonner
« à son maître de lui faire à dîner.... Le cuisinier
« doit faire son devoir, ou toute société humaine
« est pervertie. » *(Dictionnaire Philosophique. —*
ÉGALITÉ. — § I. § II).

« Nous sommes tous également hommes, mais non
« membres égaux de la société. » *(Pensée sur l'administration publique. —* XI).

« Vous n'entendez pas par ce mot cette égalité
« absurde et impossible par laquelle le serviteur et le
« maître, le manœuvre et le magistrat, le plaideur et le
« juge seraient confondus ensemble. » *(Essai sur les mœurs et l'esprit des Nations.* — Chapitre LXVII).

« Le système de l'égalité m'a toujours paru l'orgueil
« d'un fou. »

(Au Maréchal de Richelieu. — 11 Juillet, 1770).

« Je ne connais guère que Jean-Jacques Rousseau
« à qui on puisse reprocher ces idées d'égalité et d'indé-
« pendance, et toutes ces chimères qui ne sont que
« ridicules. »

(Au Maréchal de Richelieu. — 13 Février, 1771).

« L'égalité des biens n'est pas juste. Il n'est pas
« juste que, les parts étant faites, des étrangers merce-
« naires qui viennent m'aider à faire mes moissons, en
« recueillent autant que moi. » *(Dernières remarques sur les* PENSÉES *de Pascal.* — XLIX. — 1778).

Etc... etc.... etc . . . .
. . . .

Tout cela n'empêche point le citoyen Cabet d'inscrire sur la liste des communistes et des égalitaires, — en compagnie, il est vrai, de Bossuet, de Massillon, de Bridaine, de Béranger (Poëte de l'Empire et de l'Empereur et aussi de la République), le millionnaire qui a dit :

« Je n'aime les moutons que quand ils sont à moi. »

(Epître sur l'Agriculture. — 1761).

Communistes, Egalitaires, souscrivez donc pour l'apothéose de Monsieur de Voltaire, qui rejeta, renia le nom de son Père, indigne d'un Poëte, d'un Philosophe grand Seigneur! Pour Monsieur de Voltaire, Gentilhomme ordinaire de la chambre du roi, pensionné du roi de France et du roi de Prusse, chevalier de son Aigle-Rouge, Seigneur de Tourney, de Ferney et d'autres lieux, et qui fit peindre ses armoiries sur deux litres blanches en 48 places, à l'extérieur et à l'intérieur de son église de Ferney, sans préjudice du pourtour de son colombier féodal, ainsi que de la barrière de son audience !

M. Schérer et les Négrophiles ne souscriront pas : Voltaire a fait la Traite des Noirs, et *se réjouissait d'avoir fait une bonne affaire* : « Je me félicite avec

« vous de l'heureux succès du navire le *Congo*, » écrivait-il à son associé Michaud, de Nantes. Aussi « Nous
« n'achetons des esclaves domestiques que chez les
« nègres, disait-il, dans l'*Essai sur l'esprit et les*
« *mœurs des Nations*. — (Chapitre CXCVII). On
« nous reproche ce commerce : un Peuple qui tra-
« fique de ses enfants est encore plus condamnable que
« l'acheteur : ce négoce démontre notre supériorité ;
« celui qui se donne un maître était né pour en
« avoir. »

Noble *supériorité* ! Belle, bonne, heureuse justification !

« Si Voltaire eût assez vécu pour être Député aux
« Etats-Généraux, il n'aurait certainement pas voté
« pour les Noirs, lui qui était intéressé dans la Traite
« des Nègres. » (*Histoire parlementaire de la Révolution française*, par Buchez et Roux-Lavergne).

Mais qui donc pourra souscrire pour l'Apothéose ?
Quelques Libres-Penseurs qui n'ont jamais lu Voltaire, qui ne le connaissent par ouï-dire que comme
impie, blasphémateur, ennemi acharné de tout culte,
de toute religion. Il paraît que cela suffit !

L'âge ne faisait qu'accroître son fanatisme irréligieux.
Ses luttes comiques contre ses contradicteurs, contre
tout ce qu'il y a de sacré, ses bouffonneries cyniques,
ses perpétuelles agitations, ses mensonges incessants,

ses colères, ses cris de rage, ses lâchetés haineuses l'étourdissent, ne lui laissent aucune trêve.

Madame Denis, sa nièce chérie, le connaissait bien; voici, ce que, au dire de Voltaire lui-même, elle lui écrit le 20 Février 1754 : « L'avarice vous poignar-
« de.... Ne me forcez pas à vous haïr...... Vous êtes
« le dernier des hommes par le cœur. Je cacherai
« autant que je pourrai les vices de votre cœur. »

(A d'Argental. — 10 Mars 1754).

Oh oui ! Elle le connaissait bien ! Elle gémissait, elle, Libre-Penseuse ; elle confiait ses chagrins à un ami.

(Lettre de Madame Denis à l'abbé ***. — Ce 6 Mars, 1759. — des Délices).

« Mon oncle travaille toujours beaucoup. Il fait
« cent choses différentes à la fois. Son génie ne tarit
« pas. Il a paru une certaine lettre dans le *Mercure*
« que j'aurais autant aimé qu'il eût supprimée, mon
« cher abbé. Je ne peux plus rien empêcher dans ce
« genre. J'en suis si convaincue que très souvent
« j'évite de lire ses manuscrits. L'âge lui a donné une
« opiniâtreté invincible contre laquelle il est impossi-
« ble de lutter. C'est la seule marque de vieillesse que

« je lui connaisse. Ainsi, soyez sûr, lorsque vous ver-
« rez des choses qu'il serait à propos qu'il ne fît point,
« que je gémis sans pouvoir y apporter remède. Si je
« n'étais point sensible, je serais plus heureuse. Il a
« de très bonnes façons pour moi, pourvu que je ne
« lui fasse pas la plus petite objection sur rien. C'est
« le parti que j'ai pris, et je m'en trouve bien. »

A propos de Voltaire, nous avons déjà nommé Luther : rapprochons de la lettre de Madame Denis une lettre de Mélanchthon :

« Je souffre sans dire mot. Plût à Dieu que Luther
« se tût ! Malheureusement l'âge et l'expérience ne
« servent qu'à le rendre plus violent : cela me cha-
« grine. » (Epist. — Lib. v. — 28).

N'est-ce pas curieux ?

Veut-on savoir, maintenant, comment les sceptiques, les révolutionnaires ont jugé le grand Philosophe du XVIIIme siècle, le Dominateur de son époque, le Roi Voltaire ?

« Je tâche toujours, dit J. de Maistre, de chercher
« mes autorités parmi des hommes au-dessus de tout
« soupçon, comme ayant été agités par des préjugés
« diamétralement opposés », à notre manière de voir.

— Pouvons-nous mieux faire que d'imiter le grand et consciencieux Philosophe?

A tout Seigneur, tout honneur: — Commençons par Marat:

« Voltaire, adroit plagiaire, qui eut l'art d'avoir l'es-
« prit de tous ses devanciers, et qui ne montra d'ori-
« ginalité que dans la finesse de ses flagorneries ; écri-
« vain scandaleux, qui pervertit la jeunesse par les
« leçons d'une fausse philosophie, et dont le cœur fut
« le trône de l'envie, de l'avarice, de la malignité, de
« la vengeance, de la perfidie et de toutes les passions
« qui dégradent l'espèce humaine.

(L'*Ami du Peuple*. — 6 Avril 1791).

Il est vrai que Voltaire *avait commencé*. — En 1775, il publiait des *Observations sur le livre intitulé* : DE L'HOMME, OU DES PRINCIPES ET DES LOIS DE L'INFLUENCE SUR L'AME ET SUR LE CORPS, ET DU CORPS SUR L'AME, *en* 3 *vol. in*-12, par J. P. Marat, Docteur en médecine.

Après une longue, une analyse railleuse de l'ouvrage, Voltaire ajoute : « Si Monsieur le Docteur en médecine
« se contredit ainsi dans ses consultations, il ne sera
« pas appelé souvent par ses confrères.... C'est ainsi

« qu'on écrit trop souvent de nos jours : On confond
« tous les genres et tous les styles : On affecte d'être
« ampoulé dans une dissertation physique, et de parler
« médecine en épigrammes. Chacun fait ses efforts
« pour surprendre ses lecteurs. On voit partout Arle-
« quin qui fait la cabriole pour égayer le Parterre. »

Cela ne se pardonne point ! — Ah ! si Marat n'avait été qu'un *Arlequin !* S'il n'avait fait que des *cabrioles !* S'il s'était borné à *égayer le Parterre !*

Voltaire et Marat se rencontrèrent une fois encore, — côte à côte, — au Panthéon ! Quelles grimaces ils durent échanger !

Maintenant, Mirabeau :

« Le *siècle de Louis XIV* est une fort mauvaise
« rapsodie..... Il a outragé M. de Buffon comme
« tous les grands hommes ; je dis tous, sans en excepter
« un seul, morts ou vivants, si ce n'est Newton, son
« favori, parce qu'il l'avait assez mal compris et expli-
« qué.... Je ne crois pas qu'il y ait rien de plus
« ridicule au monde que tout ce que Voltaire a écrit
« sur l'histoire naturelle, tant l'ignorance et la satire
« peuvent avilir même le génie ; mais je ne conçois
« pas comment l'envie la plus infernale ait pu germer
« dans l'âme d'un si grand homme. »

(Dix-neuvième lettre à Sophie. — 1778).

Et Brissot *(Mémoires)* :

« Comment s'est conduit Voltaire ? Il raconte des
« anecdotes cent fois plus horribles (il s'agit des *Confes-*
« *sions* de Rousseau) d'un de ses bienfaiteurs, de son
« ami, du Salomon du Nord ; et cet écrit voit la
« lumière du vivant même du Prince qu'il outrage.....
« Comme le caractère de l'Aristippe moderne me
« paraît à nu dans ses *Mémoires !* On l'y voit louer,
« admirer en public un Prince dont il ravale en secret
« le mérite, dont il ridiculise les vices ; on le voit jeter
« le ridicule et l'opprobre à pleines mains sur une
« foule de personnages qui en versent encore aujour-
« d'hui des larmes ; on le voit détruire par ses satires
« les réputations qu'il avait créées par ses éloges ; on le
« voit ironique, jaloux, méchant, et s'applaudissant de
« ses méchancetés et de ses sarcasmes. »

Claude Fauchet qui, le 6 Avril 1792 (jour de Ven-
dredi-Saint) déposa sur le bureau sa croix et sa calotte
de Prêtre, avait, en 1790, prononcé un discours fort
applaudi :

« Voltaire, disait-il, parlait des mystères de la
« nature et de la divinité, que personne ne connut
« jamais moins, et qu'il semblait railler par dépit de ne
« pas les entendre. Il exerçait un despotisme moqueur

« qu'applaudissaient les têtes vides et qui faisait sou-
« rire les vrais savants. D'ailleurs, toutes les idées
« d'égalité répugnaient à son orgueil. Il trouvait la
« plupart des abus de notre ordre social fort bons, à
« raison de ce qu'il était gentilhomme ordinaire,
« Seigneur châtelain, homme de grand ton, et fort
« aristocrate en société comme en littérature. » —
« Menteur en Philosophie, — penseur fort plat, —
« fort étroit, fort méprisable, » dit encore Fauchet,
l'Apostat, qui ne reconnut ses erreurs qu'en 1793,
près de monter sur l'échafaud.

MM. Buchez et Roux-Lavergne *(Histoire Parlementaire de la Révolution Française,* depuis 1799
jusqu'en 1815).

Compte-rendu de la séance de la Constituante, 30
Mai 1791 :

« Il est difficile de trouver un exemple plus remar-
« quable de la puissance et de la fascination du préjugé
« que cette apothéose de Voltaire ... Certes, Voltaire
« n'était rien moins qu'un Patriote, rien moins qu'un
« ennemi de la Noblesse, rien moins que partisan de
« l'égalité. S'il eût assez vécu pour être Député aux
« Etats-Généraux, il est probable qu'il se fût assis
« parmi les Aristocrates. Il n'aurait certainement pas

« voté pour les Noirs, lui qui était intéressé dans la
« traite des Nègres. Il se fût grandement moqué de
« tous ces amis de la perfectibilité humaine, de tous
« ces Prôneurs de vertus populaires, de tous ces zéla-
« teurs d'égalité qui occupaient les tribunes de l'As-
« semblée et remplissaient les colonnes de la presse. »

Stendhal (Beyle), si *méchant*, si sceptique lui-même :

« Comique continuellement souillé par l'odieux,
« l'homme méchant perce partout. »

Alexandre Dumas (dans le *Mousquetaire)* :

« Je n'aime pas Voltaire, pas plus comme homme
« que comme historien ; pas plus comme historien que
« comme Poëte dramatique ; pas plus comme Poëte
« dramatique que comme Poëte épique. Il a fait deux
« Epopées, comme on appela cela au XVIIIme siècle,
« l'une sérieuse, la *Henriade*, — c'est un mauvais
« livre, — l'autre comique, la *Pucelle*, — et c'est une
« mauvaise action. »

Nous avons cité Béranger qui l'*avait pris presque
en haine.*

M. E. Renan *(Revue des Deux-Mondes.* — 1er Novembre, 1865).

« Au XVIIIme siècle, on ne voulut pas de la science

« sérieuse, libre et grave ; on eut la bouffonnerie,
« l'incrédulité railleuse et superficielle de Voltaire,....
« ses fades plaisanteries, son ton narquois, ses hypo-
« crites protestations. »

M. Louis Blanc. — Est-il assez révolutionnaire, celui-là ?

« On sait jusqu'où Voltaire fit descendre, à l'égard
« des Grands, l'humilité de ses hommages ; dans quelles
« puériles jouissances la faveur des cours retint sa
« vanité captive, et comment il aimait à se parer du
« titre de Gentilhomme de la Chambre. On sait qu'il
« fit de Louis XV un Panégyrique où l'excès de la
« flatterie touche au scandale ; qu'un jour, s'adressant
« à ce Roi, il osa l'appeler Trajan ; que le Duc de
« Richelieu, héros des roués fastueux et des libertins
« à la mode, l'eut pour courtisan, que dis-je ? pour
« familier (1)... Qu'il se mit aux pieds des Favorites,
« même de celle qu'une maison de débauche éleva
« pour les plaisirs du Maître, et qui, devenue la
« Royauté, en déshonora l'agonie... Né avec une
« nature souple, il se trouva, dès son entrée dans la

---

(1) Le mot de M. Renan, *Familier*, est faible. Voyez, entre autres ettres dégoûtantes et sales que Voltaire adresse à Richelieu, celle du 2 Avril, 1755.

« vie active, égaré parmi les Vendôme, les Richelieu,
« les Conti, les La Fare, les Chaulieu ; et, dans ce
« cercle où l'art du courtisan s'apprenait à l'école du
« bon goût, il perdit tout ce qui constitue les fiers
« caractères et les âmes viriles. . Quant aux priviléges
« de la naissance, tour à tour leur dénonciateur et leur
« esclave, il les attaqua du haut de la scène par des
« vers bien connus : mais, loin de la foule, loin du
« Parterre, et quand il n'avait plus à s'en faire l'écho,
« il changeait de langage. » — (*Histoire de la Révolution Française.* — Tome 1er. Pag. 358).

M. A. Duquesnel (*Histoire des Lettres. — Cours de Littératures comparées.* — 1836) :

« Il s'est rencontré un homme assez éhonté pour
« salir l'Héroïne la plus sublime que les annales du
« monde entier aient jamais présentée à l'admiration
« du genre humain ; pour traîner dans la boue tout ce
« qu'il y a de plus sacré, la religion, la pureté de la
« femme, la gloire de la Patrie.

Veut-on savoir comment Voltaire est jugé par le Grand Pontife du Diocèse des Incrédules (le mot *Diocèse* est de lui)? Par Sainte-Beuve dont le scalpel d'acier finement trempé pénétrait si profondément *intùs et in cute?* Nous abrégerons beaucoup, car il y est revenu souvent. Notez que cela s'écrivait dans le *Constitutionnel.*

« Voltaire s'est peint à nous,

« Toujours un pied dans le cercueil,
« De l'autre faisant des gambades.

« Cette bouffonnerie, qui ira en augmentant avec
« l'âge, ne plaît pas toujours, et elle dégénère vite en
« laideur. Pourtant, elle semble aussi des plus na-
« turelles chez lui. »

(*Causeries du Lundi.* — 17 Juin 1850).

« Lord Chesterfield écrivait : « Ce que je ne par-
« donne pas à Voltaire, et ce qui n'est pas pardonna-
« ble, c'est tous les mouvements qu'il se donne pour
« la propagation d'une doctrine aussi pernicieuse à la
« société civile que contraire à la religion générale de
« tous les Pays. Je doute fort s'il est permis à un
« homme d'écrire contre le culte et la croyance de son
« Pays, quand même il serait de bonne foi persuadé
« qu'il y eût des erreurs, à cause du trouble et du dé-
« sordre qu'il y pourrait causer, mais je suis bien sûr
« qu'il n'est nullement permis d'attaquer les fonde-
« ments de la morale, et de rompre les liens si néces-

« saires, et déjà trop faibles pour retenir les hommes
« dans le devoir. »

Sainte-Beuve ajoute à cette citation : « Chesterfield,
« en parlant ainsi, ne se méprenait pas sur la grande
« inconséquence de Voltaire. Cette inconséquence, en
« deux mots, la voici : C'est que lui, Voltaire, qui con-
« sidérait volontiers les hommes comme des fous ou
« comme des enfants, et qui n'avait pas assez de rire
« pour les railler, il leur mettait en même temps dans
« les mains des armes toutes chargées, sans s'inquié-
« ter de l'usage qu'ils en pourraient faire. »

(*Causeries du Lundi*. — 24 juin 1850)

Lord Chesterfield n'allait guère, lui-même, au
delà du déïsme : Sa leçon n'a que plus de force.

« La vie de Voltaire est une comédie : la correspon-
« dance avec d'Alembert nous en fait voir les coulisses
« et le fond ; le reste n'est plus ou moins que de l'avant-
« scène...

« ..... Toute cette correspondance est laide ; elle
« sent la secte et le complot, la confrérie et la société
« secrète ; de quelque point de vue qu'on l'envisage,
« elle ne fait point honneur à des hommes qui érigent
« le mensonge en principe, et qui partent du mépris
« de leurs semblables comme de la première condition

« pour les éclairer : *Eclairez et méprisez le genre*
« *humain*! Triste mot d'ordre, et c'est le leur. Mar-
« chez toujours *en ricanant*, mes Frères, dans le che-
« min de la vérité. C'est le refrain perpétuel.....
« Jamais esprit ne s'est transformé plus habilement,
« et ne s'est retourné plus vite à vue d'œil selon son
« intérêt.... ..

« C'est toujours en homme lésé et dupé, en homme
« généreux et désintéressé, ne visant qu'au bien
« d'autrui, et ne marchandant pas d'ailleurs son plai-
« sir, que Voltaire fait des siennes dans cette terre de
« Tournay, et qu'il se passe tous ses dégâts et toutes
« ses lésines..... »

« Il poussera la bouffonnerie et la parodie jusqu'à
« dire: J'ai fait le bien pour l'amour du bien même,
« et le Ciel me récompensera ; je vivrai longtemps,
« parce que j'aime la justice. ».....

« Le Président de Brosses avait oublié ce qu'un
« honnête homme oublie si aisément, c'est que l'ad-
« versaire peut avoir recours au mensonge et à la ca-
« lomnie. Voltaire ne s'en fit faute.....

« J'abrège, ces ignominies.....

« Il faut une morale en tout ; il en faut surtout à
« un point d'étude qui est si affligeant et qui a pour
« résultat d'étaler à nu les laideurs et les vices de
« l'âme, associables avec les plus beaux dons de l'es-

« prit.... Ma morale serait donc (et je ne sais si, en
« la dégageant, je ne songe pas involontairement à
« quelques-uns des beaux esprits d'un temps plus
« voisin, à quelques-uns des héritiers mêmes de Vol-
« taire), ma morale, c'est qu'en ayant tous nos dé-
« fauts, le pire de tous encore est de ne pas être sincère,
« véridique, et de se rompre à mentir. « Le mensonge
« n'est un vice que quand il fait du mal, écrivait
« Voltaire à Thieriot ; c'est une grande vertu quand
« il fait du bien. » Il ne songeait, en écrivant ainsi,
« qu'à désavouer son *Enfant prodigue*, et à tâcher
« que l'ouvrage ne passât point pour être de lui : « Si
« vous avez mis Sauveau du secret, ajoutait-il, met-
« tez-le du mensonge. Mentez, mes amis, mentez, je
« vous le rendrai dans l'occasion. » Quand on joue
« ainsi de bonne heure et si gaiement avec le mensonge,
« il nous devient un instrument trop facile dans toutes
« nos passions ; la calomnie n'est qu'un mensonge de
« plus ; c'est une arme qui tente ; tout menteur l'a
« dans le fourreau, et on ne résiste pas à s'en servir,
« surtout quand l'ennemi n'en saura rien.....

« Quant à Voltaire, je comparerais de tels esprits à
« des arbres dont il faut savoir choisir et savourer
« les fruits ; mais n'allez jamais vous asseoir sous leur
« ombre. »

(*Causeries du Lundi.* — 8 Novembre, 1852).

M. Arsène Houssaye s'est rappelé sans doute, et a bravement copié ces derniers mots de Sainte-Beuve :

« Voltaire, dit-il dans la Préface, II, de son singu-
« lier *Roi Voltaire,* Voltaire est un arbre dont tous
« les fruits ne sont pas bons. « N'allez pas vous asseoir
« sous son ombre, » a dit le Poëte. »

Ecoutons encore le grand critique, le premier et aussi le plus sceptique Lettré de notre époque.

« Tout cela est très-joli, disait le Prince de Ligne,
» des incrédulités fanfaronnes, quand on n'entend pas
« la cloche des agonisants. Personne n'a mieux parlé
« que lui du principe de l'irréligion chez Voltaire, « de
« ce désir d'être *neuf, piquant et cité,* de rire et de
« faire rire, d'être ce qu'on appelait alors un écrivain
« hardi, » toutes choses qui, selon lui, avaient plus
« animé Voltaire qu'aucune conviction positive. »

(*Causeries du Lundi.* — 20 Juin 1853).

« Dans le petit carême, Massillon, comme s'il eût
« présagé à l'avance l'auteur de la *Pucelle,* a dit :

« Ces beaux esprits si vantés, et qui, par des talents
« heureux, ont rapproché leur siècle du goût et de la
« politesse des Anciens ; dès que leur cœur s'est cor-

« rompu, ils n'ont laissé au monde que des ouvrages
« lascifs et pernicieux, où le poison préparé par des
« mains habiles, infecte tous les jours les mœurs pu-
« bliques, et où les siècles qui nous suivront viendront
« encore puiser la licence et la corruption du nôtre. »

« Quand Voltaire entendait lire cela en dînant,
« quelle figure faisait-il ?... »

Causeries du Lundi. — 3 octobre 1853.

« Un jour le Président Hénault, âgé de quatrevingts
« ans, écrivit à Voltaire une lettre fort belle de sens
« et d'intention; il venait de lire une de ces facéties ir-
« réligieuses que ce versatile génie avait publiées sous
« le nom d'un *Abbé Bazin*, et où il sapait à plaisir
« toutes sortes de choses respectables; il disait, à
« l'adresse du soi-disant Abbé Bazin :

« Je ne suis point théologien, ainsi je ne m'aviserai pas
« de lui répondre; mais je suis homme, et je m'inté-
« resse à l'humanité. Je trouve, je vous l'avoue, un
« barbarie insigne dans ces sortes d'ouvrages. Que
« lui a fait ce malheureux qui vient de perdre son
« bien, dont la femme vertueuse vient de mourir, sui-
« vie d'un fils unique qui donnait les plus grandes es-
« pérances ? Que va-t-il devenir ? Il avait le secours
« de la religion ; il pouvait se sauver dans les bras de

« l'espérance et attendre de la Providence, qui avait
« permis ce concours de malheurs pour éprouver sa
« constance, de l'en dédommager par le bonheur à
« venir. Point du tout, M. l'abbé Bazin lui ravit cette
« ressource, et lui ordonne d'aller se noyer; car il n'a
« pas d'autre chose à faire..... Ah! du moins la re-
« ligion des Païens avait-elle des ressources : Pandore
« leur avait laissé une boîte au fond de laquelle était
« l'Espérance; elle était cachée sous tous les maux,
« comme si elle était réservée pour en être la répara-
« tion; et nous autres plus barbares mille fois, nous
« anéantissons tout; nous n'avons conservé que les
« malheurs; nous détruisons toute spiritualité.....
« Adieu, mon cher confrère; Dieu vous fasse la grâce
« de couronner tous les dons dont il vous a comblé
« par une véritable gloire qui n'aura pas de fin ! »

« Sans doute Voltaire data du jour où il avait reçu
« cette lettre l'affaiblissement de la tête du Président,
« et quand celui-ci fut mort (24 novembre 1770), il
« écrivit à Mme du Deffand, moins d'un mois après :

« ..... Je reprends toutes les louanges que je lui ai
« données.

« Je chante la palinodie;
« Sage du Deffand, je renie
« Votre Président et le mien.

« A tout le monde il voulait plaire,
« Mais ce charlatan n'aimait rien ;
« De plus, il disait son *Bréviaire*.

« Dans ce dernier mot est tout le secret de cette co-
« lère et de cette grande vengeance. »

(*Causeries du Lundi*. — 18 décembre 1854.)

Comparez ce que, du vivant d'Hénault, lui écrivait Voltaire, à ce qu'il en écrivait à Mme du Deffand !

En 1758, mourut la Margrave de Bareith, sœur bien-aimée de Frédéric qui demanda à son Poëte une ode élégiaque : l'ode ne vaut rien, absolument rien, ce qui inspire à Sainte-Beuve une de ses pages les plus belles, les plus judicieuses, les plus sagement raisonnées.

« Voltaire, malgré ses merveilleux talents, n'avait
« point, osons le dire (pourquoi ne pas oser, Mon-
« sieur ?), ce qui est propre à conférer aux morts l'im-
« mortalité et à leur assurer une dernière et impéris-
« sable couronne. Est-ce seulement ici l'éclat de la
« trompette lyrique qui lui manque ? Certainement,
« ce don lyrique, entre ses dons divers, il ne l'avait
« pas ; Poète charmant, vif, inimitable dans la raille-
« rie, pathétique même par accès et par éclairs, il
« n'avait ni la splendeur des images, ni la magnifi-

« cence du ton, ni ce que l'antique Pindare a appelé
« la pure clarté des Muses sonores. » Il n'avait pas en
« sa veine de quoi justifier cet autre mot du même
« Poëte, et qui porte avec lui sa preuve lumineuse :
« Elle vit plus longtemps que les actions la parole que
« la langue a tirée d'un *esprit profond* avec la ren-
« contre des Grâces. » Les Grâces, il les rencontrait
« souvent, il les accostait volontiers, mais c'étaient
« les Grâces familières ; et cette autre condition que
« veut Pindare, la profondeur, était absente. Sa Muse
« était trop libertine au fond pour avoir longtemps
« sur sa lèvre l'effusion sacrée. Et c'est ici, puis-
« qu'il s'agissait d'un hommage funèbre, qu'on se rend
« bien compte de tout ce qu'il aurait fallu encore,
« quelque chose de la flamme d'un Bossuet, si ce n'est
« celle d'un Pindare. La gravité, l'autorité de la pa-
« role, celle des doctrines, cette immortalité religieuse
« acceptée et passée dans le cœur, puisée à la source
« des croyances, qui s'étend de celui qui parle aux per-
« sonnes qu'il célèbre et les revêt de leurs vertus épu-
« rées comme d'un linceul éblouissant et indestructi-
« ble, tout cela manquait ; et, il faut le dire, la mé-
« moire même de la généreuse et noble Margrave n'y
« prêtait pas : ses ironies, celles même de son Frère,
« étaient trop voisines ; et le Poète eût-il été plus
« sublime ou plus grave, elles eussent suffi pour

« déconcerter son désir et pour déranger l'idéal du
« monument. Frédéric, remarquez-le bien, se met-
« tait en ce moment presque en contradiction avec
« ses principes. Que veut-il pour sa sœur, en effet ?
« Il demande, il commande au Poëte un cri retentis-
« sant de douleur, un hommage public, durable, écla-
« tant. Mais, à cette heure émouvante et solennelle,
« les voilà tous payés de leurs doctrines ; ils y trou-
« vent un fonds d'aridité qui ne peut se racheter. (1)

« La seule oraison funèbre qui se conçoive pour
« l'Epicurien sincère est celle-ci : « Tout est fini,
« c'est irréparable ; nous mêmes nous y serons de-
« main. Pleurons en silence ! »..... Le style fait dé-
« faut, et la pensée se fatigue à vouloir s'élever et à
« remplir un rhythme incomplet, mais encore trop
« large pour elle. Trahissant ses faiblesses secrètes,
« Voltaire ne put s'empêcher, en publiant d'abord son
« ode, d'y rattacher et d'y coudre en notes toutes sor-
« tes de malices qui n'y avaient aucun rapport, des
« invectives contre les ennemis de la Philosophie et
« contre les siens propres ; il y vit une occasion de
« semer par le monde une diatribe de plus, en la glis-

---

(1) J. de Maistre dit à peu près la même chose : « Voltaire est
« nul dans l'ode, et qui pourrait s'en étonner ? L'impiété réfléchie
« avait tué chez lui la flamme divine de l'enthousiasme. » (*Les soi-*
« *rées de Saint-Pétersbourg. — Quatrième entretien*)

« sant dans les plis de la robe de cette renommée fu-
« nèbre. Ce n'est point à de tels offices qu'il convient
« d'employer l'aile des Muses, ces divines Messagères. »

(*Causeries du Lundi.* — 8 Septembre, 1856).

Cette page de l'ami, de l'admirateur de Renan, de Flaubert, de Feydau, cette page d'un anti-clérical forcené, n'est-elle pas un chef-d'œuvre, non seulement de style, mais de sagesse, de vérité et de goût ?

Sainte-Beuve oublie d'ajouter que les tristes *notes* dont il parle avec tant de mépris, furent publiées sous le pseudonyme de M. de *Morza*, dont Voltaire signa depuis (1772) les notes de la satire les *Cabales*, et (1774) le notes de la satire : *Dialogue de Pégase et du Vieillard.* — Il n'eut pas même ce facile courage !

Toujours Sainte-Beuve ; nous ne nous lassons pas de l'écouter :

« Les gens de goût, et dont en même temps l'esprit
« s'ouvrait à des aperçus d'un ordre plus élevé,
« savaient fort bien concilier ce que méritait en Vol-
« taire l'auteur charmant, et ce qui était dû au satiri-
« que indécent, au Philosophe imprudent (pourquoi
« pas, *impudent ?*) inexcusable.... Le défaut, c'était
« le besoin d'action à tout prix, le besoin de bruit et
« de renommée qui ne se passait ni des intrigues ni des

« manéges, et qui jouait avec les moyens scabreux :
« de là, toute une suite d'indiscrétions, de déguise-
« ments, de rétractations, de désaveux, de mensonges,
« une infinité de misères.

« .... On sent en plus d'un endroit une sorte de
« parti pris de rire. Il ne rit pas seulement, il ricane ;
« il y a un peu de tic, c'est le défaut. A la longue, on
« prend toujours la ride de son sourire. (N'est-ce pas
ce que J. de Maistre appelait ce *rictus* épouvanta-
ble ?) — Quoiqu'il en soit, Voltaire, même au début,
avant le rire bouffon et le rire décharné, Voltaire,
« dans sa fleur de gaieté et de malice, était bien, par
« tempérament comme par principe, le Poëte et l'Ar-
« tiste d'une époque dont le but et l'inspiration avouée
« était le plaisir, avant tout le plaisir.

(Causeries du Lundi. — 20 Octobre, 1856).

« On fait plus qu'entrevoir le fond du cœur de
« Voltaire et sa passion d'homme de parti, lorsque,
« écrivant à M. Bordes de Lyon sur la nomination de
« Clément XIV, il lui dit :

(Juillet, 1769) ;

« Je ne sais pas trop ce que sera le cordelier Ganga-
« nelli ; tout ce que je sais, c'est que le cardinal de

« Bernis l'a nommé Pape, et par conséquent ce ne
« sera pas un Sixte-Quint. C'est bien dommage,
« comme vous le dites, qu'on ne nous ait pas donné
« un brouillon. Il nous fallait un fou, et j'ai peur
« qu'on ne nous ait donné un homme sage... Les
« abus ne se corrigent que quand ils sont outrés. »

« Ce sont là de détestables sentiments, en même
« temps qu'un détestable système et une fausse vue
« des intérêts véritables qui importent le plus aux
« hommes réunis en société. Bien imprudent et bien
« insensé celui, qui, en quelque ordre que ce soit,
« appelle de ses vœux l'excès du mal sous prétexte d'un
« total et prochain redressement...

« CE N'ÉTAIT PAS UN DÉMOCRATE QUE VOLTAIRE, ET IL
« N'EST PAS MAUVAIS DE LE RAPPELER A CEUX QUI DE LOIN,
« ET POUR LE BESOIN DE LEURS SYSTÈMES, VEULENT NOUS
« DONNER UN VOLTAIRE ACCOMMODÉ A LA JEAN-JACQUES.
« QUAND ON AIME A ÉTUDIER LES HOMMES ET A LES VOIR TELS
« QU'ILS SONT, ON NE SAURAIT S'ACCOUTUMER A CES
« STATUES SYMBOLIQUES DONT ON MENACE DE FAIRE LES
« IDOLES DE L'AVENIR. »

C'est bien cela : Ce qu'ils appellent le *centenaire*
de 1878 !

« Voltaire est contre les majorités et les méprise ;

« en fait de raison, les masses lui paraissent naturel-
« lement bêtes...

Pauvre suffrage universel !

« Il ne croit au bon sens que chez un petit nombre,
« et c'est assez pour lui si l'on parvient à grossir peu à
« peu le petit troupeau. La France, écrivait-il à
« M. Tabareau... »

Nous avons donné plus haut cette lettre à Tabareau dans laquelle il n'accorde au Peuple qu'un *joug*, un *aiguillon* et *du foin*. Nous l'avons rapprochée des paroles de Luther.

« Malheureuse parole, s'écrie Sainte-Beuve ! Vol-
« taire se moque quelque part du bruit qui avait couru
« qu'on allait ériger sa terre de Ferney en marquisat ;
« *Le marquis Crébillon, le marquis Marmontel, le*
« *marquis Voltaire*, ne seraient bons qu'à être mon-
« trés à la foire avec les singes de Nicolet. » C'est avec
« son goût qu'il se moque du titre ; mais son esprit, sa
« nature étaient aristocratiques au fond, et cette
« fois sa première impression l'a emporté plus loin ; il
« a été brutalement féodal. »

(*Causeries du Lundi.* — 27 octobre 1856).

« Voltaire a le *bonheur insolent*, » dit ailleurs Sainte-
« Beuve. »

Voilà beaucoup de prose, et de bonne prose ; des vers, maintenant, et de beaux vers : ils sont dans la mémoire de toute personne lettrée. — N'importe : On ne se plaindra pas de pouvoir les relire.

REGARD JETÉ DANS UNE MANSARDE

(Victor Hugo. — *Les Rayons et les Ombres*. — Mars 1839).

V

« Nul danger ! Nul écueil ! — Si ! l'aspic est dans l'herbe !
« Hélas ! hélas ! le ver est dans le fruit superbe !
« Pour troubler une vie il s'agit d'un regard.
« Le mal peut se montrer même aux clartés d'un cierge,
« La curiosité qu'a l'esprit de la vierge
« Fait une plaie au cœur de la femme plus tard.

« Plein de ces chants honteux, dégoût de la mémoire,
« Un vieux livre est là-haut dans une vieille armoire
« Par quelque vil passant dans cette ombre oublié ;
« Roman du dernier siècle ! œuvre d'ignominie !
« Voltaire alors régnait, ce singe de génie
« Chez l'homme en mission par le Diable envoyé.

VI

« Epoque qui gardas, de vin, de sang rougie,
« Même en agonisant, l'allure de l'orgie !
« O dix-huitième siècle, impie et châtié !
« Société sans Dieu, qui par Dieu fut frappée !
« Qui, brisant sous la hache et le sceptre et l'épée,
« Jeune, offensas l'amour, et vieille, la pitié !

« Table d'un long festin qu'un échafaud termine !
« Monde, aveugle pour Christ, que Satan illumine !
« Honte à tes écrivains devant les nations !
« L'ombre de tes forfaits est dans leur renommée ;
« Comme d'une chaudière il sort une fumée
« Leur sombre gloire sort des révolutions !

VII

« Frêle barque assoupie à quelques pas d'un gouffre !
« Prends garde, enfant ! cœur tendre où rien encor ne souffre !
« O pauvre fille d'Eve ! O pauvre jeune esprit !
« Voltaire, le serpent, le doute, l'ironie,
« Voltaire est dans un coin de ta chambre bénie !
« Avec son œil de flamme il t'espionne, et rit.

« Oh ! tremble ! ce sophiste a sondé bien des fanges !
« Oh ! tremble ! ce faux sage a perdu bien des anges !
« Ce Démon, noir milan, fond sur les cœurs pieux,
« Et les brise, et souvent, sous ses griffes cruelles,
« Plume à plume j'ai vu tomber ces blanches ailes
« Qui font qu'une âme vole et s'enfuit dans les cieux !

« Il compte de ton sein les battements sans nombre,
« Le moindre mouvement de ton esprit dans l'ombre,
« S'il penche un peu vers lui, fait resplendir son œil,
« Et comme un loup rôdant, comme un tigre qui guette,
« Par moments, de Satan, visible au seul Poëte,
« La tête monstrueuse apparaît à ton seuil !

« Hélas ! si ta main chaste ouvrait ce livre infâme
« Tu sentirais soudain Dieu mourir dans ton âme.
« Ce soir, tu pencherais ton front triste et boudeur
« Pour voir passer au loin dans quelque verte allée
« Les chars étincelants à la roue étoilée,
« Et demain tu rirais de la sainte pudeur !

« Ton lit, troublé la nuit de visions étranges,
« Ferait fuir le sommeil, le plus craintif des Anges !
« Tu ne dormirais plus, tu ne chanterais plus,
« Et ton esprit, tombé dans l'océan des rêves,
« Irait, déraciné comme l'herbe des grèves,
« Du plaisir à l'opprobre et du flux au reflux ! »

Œuvre d'ignominie, singe de génie par le Diable envoyé, serpent, sophiste, faux sage, démon, noir milan, Satan, loup rôdant, tigre, aspic, — qui donc accole au nom de Voltaire de si gracieuses épithètes ? Qui donc appelle le dix-huitième siècle une *époque de vin, de sang rougie, impie et châtié, société sans Dieu.*

Jeune offensant l'amour, et vieille, la pitié,

que Satan illumine? honte à tes écrivains, ajoute-t-on?
etc..... etc.... etc..... Qui donc a dit cela? — Mais
Victor Hugo! — Comparez avec J. de Maistre au
Quatrième Entretien des Soirées de Saint-Pétersbourg. — Le clérical, l'ultramontain n'est pas allé
jusque-là !

Et l'autre Poëte, sceptique en tout, en religion, en
politique, en morale, qui ne croit qu'à *Ninette et
Ninon* !

Alfred de Musset

ROLLA

IV

« Dors-tu content, Voltaire, et ton hideux sourire
« Voltige-t-il encor sur tes os décharnés?
« Ton siècle était, dit-on, trop jeune pour te lire,
« Le nôtre doit te plaire, et tes hommes sont nés.
« Il est tombé sur nous, cet édifice immense
« Que de tes larges mains tu sapais nuit et jour.
« La Mort devait t'attendre avec impatience
« Pendant quatre-vingts ans que tu lui fis la cour ;
« Vous devez vous aimer d'un infernal amour.
« Ne quittes-tu jamais la couche nuptiale
« Où vous vous embrassez dans les vers du tombeau,
« Pour t'en aller tout seul promener ton front pâle
« Dans un cloître désert ou dans un vieux château?

« Que te disent alors tous ces grands corps sans vie,
« Ces morts silencieux, ces autels désolés
« Que pour l'éternité ton souffle a dépeuplés ?
« Que te disent les croix ? Que te dit le Messie ?
« Oh ! saigne-t-il encor quand, pour le déclouer,
« Sur son arbre tremblant, comme une fleur flétrie,
« Ton spectre dans la nuit revient le secouer ?
« Crois-tu ta mission dignement accomplie,
« Et comme l'Eternel, à la création,
« Trouves-tu que c'est bien, et que ton œuvre est bon
« . . . .

« Voilà pourtant ton œuvre, Arouet : voilà l'homme
« Tel que tu l'as voulu ! . . . .
« . . . .

« Et que nous reste-t-il, à nous, les Déicides ?
« Pour qui travailliez-vous, Démolisseurs stupides,
« Lorsque vous disséquiez le Christ sur son autel ?
« Que vouliez-vous semer sur sa céleste tombe
« Quand vous jetiez au vent la sanglante colombe
« Qui tombe en tournoyant dans l'abime éternel?
« Vous vouliez pétrir l'homme à votre fantaisie ?
« Vous vouliez faire un monde. — Eh bien ! vous l'avez fait !
« Votre monde est superbe, et votre homme est parfait !
« Les monts sont nivelés, la plaine est éclaircie ;
« Vous avez sagement taillé l'arbre de vie ;
« Tout est bien balayé sur vos chemins de fer ;
« Tout est grand, tout est beau, — mais on meurt dans votre air;
« Vous y faites vibrer de sublimes paroles,
« Elles flottent au loin dans les vents empestés.
« Elles ont ébranlé de terribles Idoles,
« Mais les oiseaux du ciel en sont épouvantés !

« L'hypocrisie est morte, on ne croit plus aux Prêtres,
« Mais la vertu se meurt, on ne croit plus à Dieu !
« Le noble n'est plus fier du sang de ses ancêtres,
« Mais il le prostitue au fond d'un mauvais lieu.
« On ne mutile plus la pensée et la scène,
« On a mis au plein vent l'intelligence humaine,
« Mais le Peuple voudra des combats de taureau.
« Quand on est pauvre et fier, quand on est riche et triste,
« On n'est plus assez fou pour se faire Trappiste,
« Mais on fait comme Escousse, on allume un réchaud ! »

Ah ! si nous citions aussi les appréciations des contemporains du Roi-Voltaire ! — J.-J. Rousseau, qui le traite de *baladin*, de *méchant maladroit*, de *fanfaron d'impiété*, d'*arrogant*, de *jongleur*, d'*âme basse*, de *maudit* ! — et qui se résume ainsi : « Je « ne bois point dans la coupe de cet homme-là ! » — Mais, direz-vous, c'est une revanche (non publique pourtant) des ignobles injures contre Jean-Jacques, du turpe Poème de la *Guerre de Genève*, des atroces railleries sur des infirmités. — Marie-Joseph Chénier (ne pas confondre avec le noble et généreux André) s'en tire sans peine :

« Réunis désormais, vous avez entendu
« Sur les rives du fleuve où la haine s'oublie
« La voix du genre humain qui vous réconcilie. »

Nous doutons fort de cette réconciliation, quoique

les fauteurs du double *centenaire* puissent prendre ces vers pour épigraphe de leur manifeste. — Soit donc : ils étaient ennemis, dès lors Rousseau ne compte pas.

Mais tant d'autres ? Marat, par exemple ? — M. Jules Claretie s'en tire plus facilement encore que Chénier :

« Voltaire, dit-il, avait traité durement Marat
« vivant, Marat se venge de Voltaire mort. »

Soit encore ; mais tant d'autres ? Madame Denis, sa nièce bien-aimée, lui écrivant : « Le chagrin vous a
« peut-être tourné la tête, mais peut-il gâter le cœur ?
« L'avarice vous poignarde.... Ne me forcez pas à
« vous haïr.... Vous êtes le dernier des hommes par
« le cœur. Je cacherai autant que je pourrai les vices
« de votre cœur. »
Mais le Grand caporal Prussien, comme l'appelle de Maistre, l'adulé, le flagorné du *Philosophe,* écrivant à Algarotti : « Voltaire vient de faire un tour qui est
« indigne. Il mériterait d'être fleurdelisé au Parnasse.
« C'est bien dommage qu'une âme aussi lâche soit
« unie à un aussi beau génie. Il a les gentillesses et les
« malices d'un singe.... Cependant je ne ferai sem-
« blant de rien, car j'en ai besoin pour l'étude de l'élo-
« cution française. On peut apprendre de bonnes

« choses d'un scélérat. Je veux savoir son français;
« que m'importe sa morale? Cet homme a trouvé le
« moyen de réunir les contraires. On admire son
« esprit en même temps qu'on méprise son caractère. »

(12 Septembre, 1749).

Plus tard (26 Mai, 1754), au même : « Il est
« étonnant que l'âge ne corrige point la folie, et que
« cet homme, si estimable par les talents de l'esprit,
« soit si méprisable par sa conduite. »

A Darget, son secrétaire : « Voltaire s'est conduit
« ici en faquin et en fourbe consommé; je lui ait dit
« son fait comme il le mérite. C'est un misérable, et
« j'ai honte pour l'esprit humain qu'un homme qui
« en a tant soit si plein de malfaisance. Voltaire est le
« plus méchant fou que j'aie connu de ma vie : il n'est
« bon qu'à lire.

« Vous ne sauriez imaginer toutes les duplicités, les
« fourberies et les infamies qu'il a faites ici : je suis
« indigné que tant d'esprit et tant de connaissances ne
« rendent pas les hommes meilleurs. »

A Voltaire lui-même (18 Juillet, 1759) : « Je sais
« bien que je vous ai idolâtré tant que je ne vous ai
« cru ni tracassier ni méchant... N'en parlons plus;
« je vous ai tout pardonné d'un cœur chrétien.... Au

« moins je vous parle comme ferait votre confesseur.
« Ne vous en fâchez pas. »

(12 Mai, 1760) :

« Votre conduite n'eût été tolérée par aucun philo-
« sophe. Je vous ai tout pardonné, et même je veux
« oublier. Mais si vous n'aviez pas eu affaire à un
« fou amoureux de votre beau génie, vous ne vous
« en seriez pas tiré aussi bien chez tout autre. Tenez-
« le-vous donc pour dit. »

Et la Duchesse de Choiseul ? Nous avons reproduit quelques passages de sa belle lettre à propos de la *Sémiramis du Nord*. Ailleurs (à Madame du Deffand. — 21 Mars, 1771) :

« Le pauvre Voltaire ne sait où donner de la tête.
« Il ménage la chèvre et le chou.... Je vous avoue
« que, depuis son *avis à la Noblesse*, ses lettres me
« dégoûtent ; et, depuis qu'elles me dégoûtent, je ne
« les entends plus. Celle-ci m'a paru un vrai gali-
« matias. »

(A Madame du Deffand. — 6 Mai, 1772) : « Voltaire
« devrait se désabuser de chanter les Ministres ; ils ne

« durent pas assez pour qu'il puisse être payé de ses
« chansons. »

La Duchesse de Choiseul était l'intime amie de Voltaire qui, depuis la chute du Ministre, l'appelait *Madame Barmécide*.

Et la Marquise du Deffand (à l'abbé Barthélemy.— 2 Mars, 1773) :

« Je crois qu'on n'a rien fait de mieux depuis long-
« temps que les *Barmécides* (Tragédie de La Harpe).
« Voltaire en crèvera de jalousie : le mot jalousie
« n'est pas le mot propre, c'est celui de l'envie. »

A la Duchesse de Choiseul. — 26 Mai 1774 :

« Rien n'est plus ridicule, n'est plus impertinent et
« n'est plus absurde qne la lettre de Voltaire.. ... Il
« faut dire pour lui ce que le Seigneur disait pour les
« Juifs : « Pardonnez-leur, etc...... » Vous pouvez
« compter que je lui répondrai de bonne sorte. »

La marquise du Deffand était l'intime amie de Voltaire, qui l'appelait l'*Aveugle clairvoyante*.

Nous en passons, et des plus sévères : Madame de Choiseul, Madame du Deffand étaient grandes admiratrices du talent de Voltaire, étaient flattées de recevoir ses lettres, mais le connaissaient bien, et, dans l'intimité, en parlaient franchement.

Rappelons-nous les vertes leçons qu'il recevait parfois de Hénault, de Bernis, de tant d'autres de ses meilleurs amis. On n'arguera pas de la rivalité, des représailles, d'ailleurs si justes et si légitimes; on ne dira pas : ce sont des ennemis !

De tant de citations (nous pourrions en remplir bien des pages encore), de tant de citations extraites textuellement, loyalement des œuvres de Voltaire ; — de ses soufflets à la morale, au Patriotisme, au respect, à l'intérêt dus au Peuple ; — de ses mensonges, de ses duplicités, de ses hypocrisies et de ses sacriléges ; — et, en même temps, des anathèmes lancés contre le *Philosophe* par les plus encroûtés sceptiques, par les plus fervents Libres-Penseurs, par les plus fougueux démocrates, Marat, Mirabeau, Brissot, Fauchet, Buchez, Stendahl, Béranger, Renan, Louis Blanc, Sainte-Beuve, Victor Hugo, Alfred de Musset,.... etc.... ; — par les hommes politiques, les grands Prosateurs et les grands Poètes, etc. ..., de tout cela, disons-nous, que conclure ? — Que les Promoteurs de ce qu'ils appellent le *Centenaire*, ne connaissent pas Voltaire, ne l'ont pas lu ; -- ou, — ce qui serait pire encore, — que la haine pour toute idée religieuse leur fait oublier, excuser, pardonner, approuver même toutes ces saletés, toutes ces immondices ! Nous aimons à croire que la première de ces causes est la seule vraie, car elle est la seule acceptable : ce serait autrement à *dégoûter de l'histoire,* dirait encore Saint-Simon ; — ce serait à désespérer de la morale, du sentiment patriotique, du Peuple enfin, qui applaudirait, non-seulement l'impiété et l'obscénité, mais le mépris pour le Peuple lui-même !

Faudra-t-il donc répéter avec un rédacteur du *Siècle* (oui, du *Siècle,* s'il vous plaît !) cette parole si singulière venant de là, échappée dans un moment de franchise et de bon sens :

« AUJOURD'HUI LE CHATIMENT DE
« VOLTAIRE EST D'ÊTRE LE DIEU DES
« IMBÉCILLES.

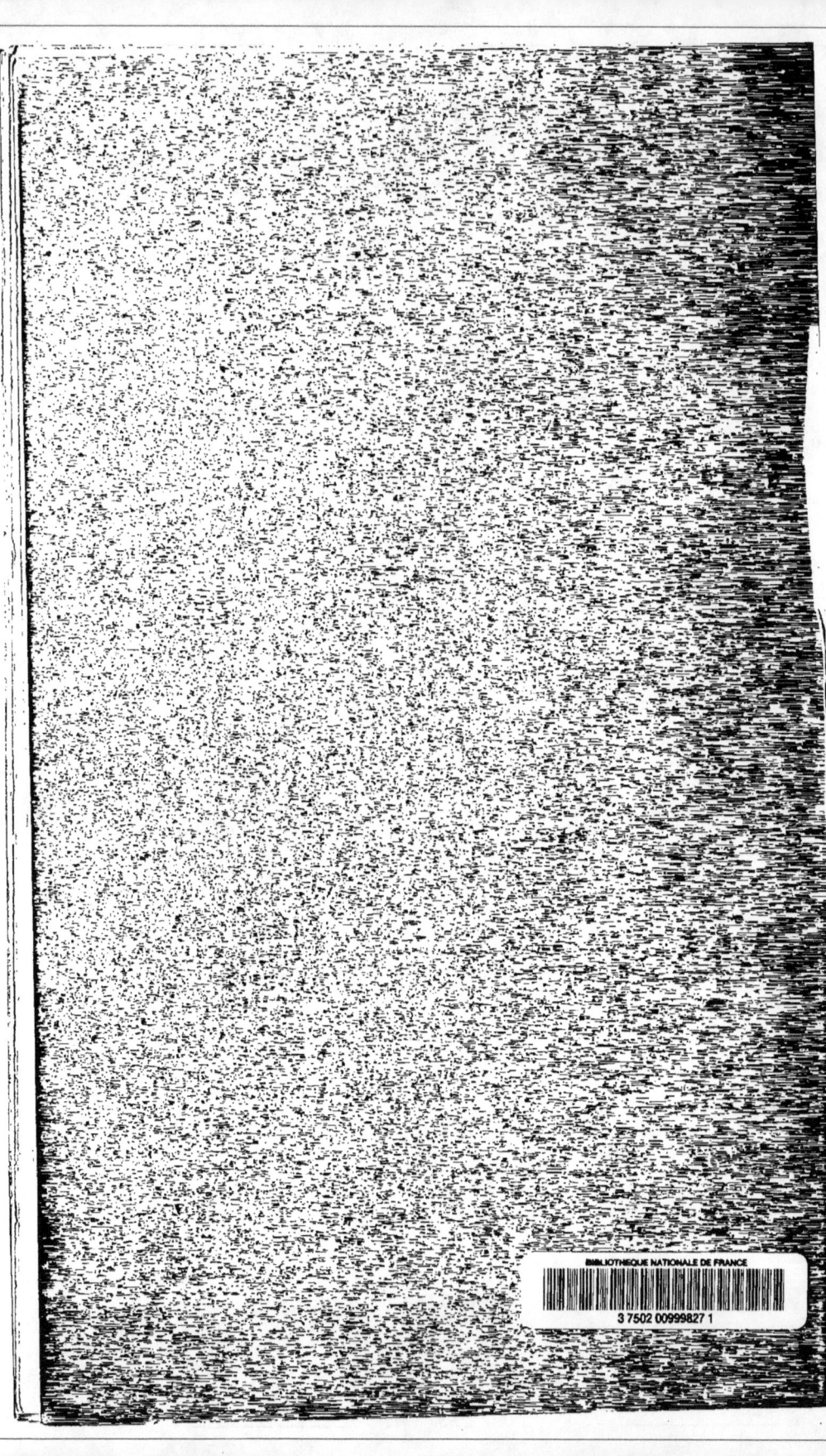

www.ingramcontent.com/pod-product-compliance
Lightning Source LLC
Chambersburg PA
CBHW070316100426
42743CB00011B/2456